# 新説「三国志」の虚構と真実

満田剛

# まえがき

最近出版されている『三国志』関連の書籍には、曹操や劉備、孫権をはじめとする人物について、歴史書『三国志』と『三国志演義』での記述を比較するものが多いように感じますが、そのような比較の〝流れ〟の中で一定の役割を果たした書籍や展覧会として、拙著『三国志――正史と小説の狭間』（白帝社　２００６年）や私が監修した『大三国志展』（２００８～２００９年　東京富士美術館など）を挙げることができると考えております。

拙著『三国志――正史と小説の狭間』は、歴史書『三国志』と『三国志演義』などの小説の記述を比較しながら、中国・三国時代の歴史についてまとめようとした書籍でした。また、『大三国志展』では主に吉川英治、横山光輝の諸氏の小説や漫画で『三国志』に触れていた多数の来場者の方々にとっての「わかりやすさ」と研究者や『三国志』に詳しいファンの方々のための「充実した内容」の双方に配慮して、内容を物語（小説）と出土品（史実）の２パートに分けて展示しました。

本書では、上記拙著なども参照した上で、『三国志演義』と歴史書『三国志』とで評価が異なる人物について、比較しながら簡潔に紹介し、レーダーチャートで能力もわかりやすく評価してみました（学問的に考え始めると、歴史上の人物の能力の数値をつけることは不可能になりますが、そのことをご了解いただいた上で本書をお読みいただき、歴史学について考えるきっかけとしていただきたいと思います）。

また、『三国志』に関連する歴史や文学の研究が日進月歩で進んでいることを踏まえ、これまでの（私自身のものも含めた）見解・解釈とは少し異なった「歴史書『三国志』や『三国志演義』の登場人物たちのさらに新しい姿」を紹介しようとしております。

本書を通して、最近の研究成果を基にした歴史書と小説の『三国志』の人物たちの姿に少しでも触れていただくことができれば幸いです。

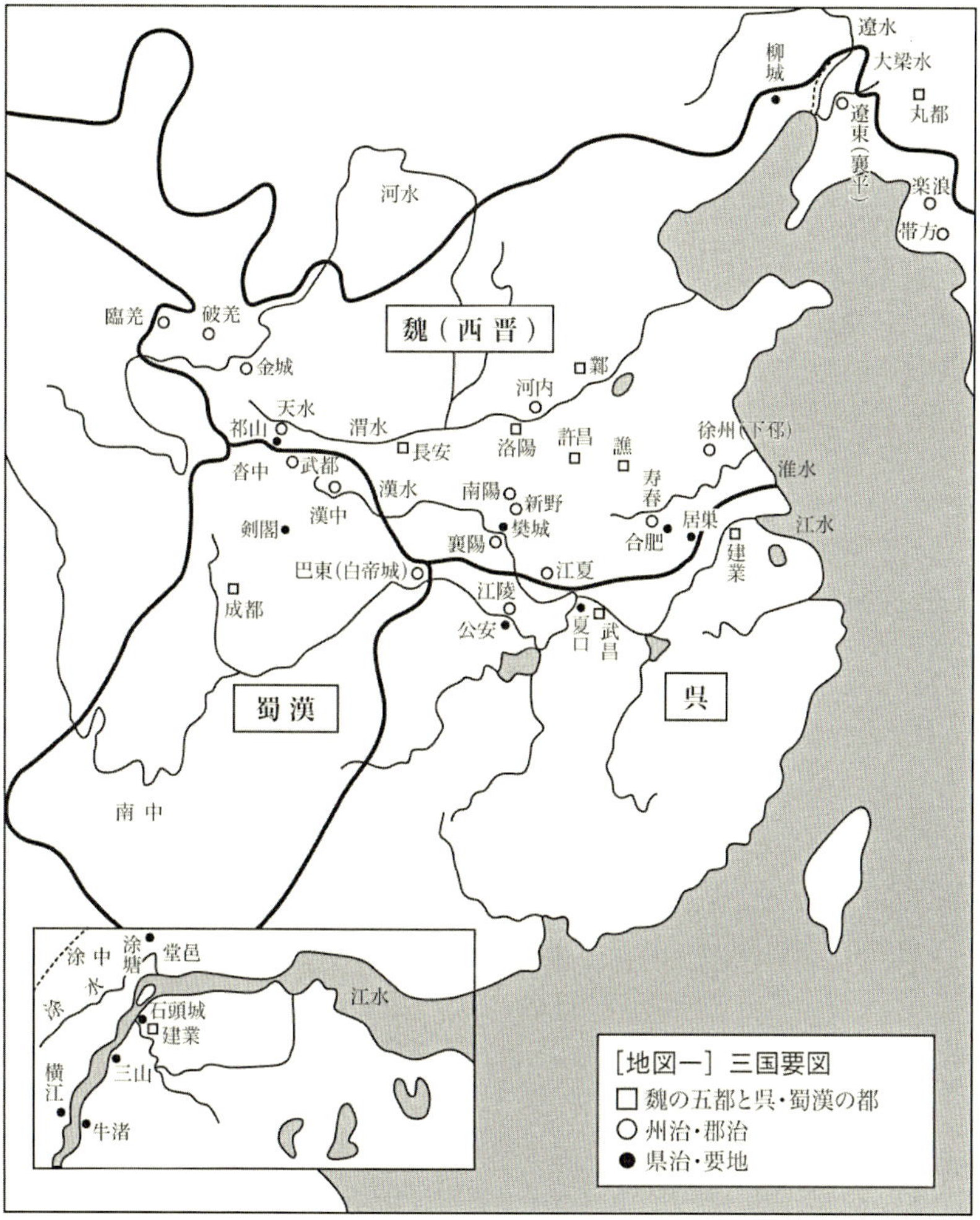
遼水
柳城
大梁水
遼東(襄平)
丸都
楽浪
帯方
河水
臨羌
破羌
魏(西晋)
金城
鄴
河内
天水
祁山
渭水
長安
洛陽
許昌
譙
徐州(下邳)
沓中
武都
寿春
淮水
漢水
南陽
新野
漢中
剣閣
樊城
襄陽
合肥
居巣
江水
建業
巴東(白帝城)
江夏
成都
江陵
公安
夏口
武昌
蜀漢
呉
南中
涂中
涂塘
堂邑
涂水
江水
石頭城
建業
横江
三山
牛渚
[地図一] 三国要図
□ 魏の五都と呉・蜀漢の都
○ 州治・郡治
● 県治・要地

# 目次

## 呉の章

## 後漢の章 97

# 魏の章

# 曹操《そうそう》（字《あざな》：孟徳《もうとく》）

［予州沛国の人／155～220年］

【演義】〝悪の美学〟を貫く後漢末のアンチヒーロー
【史実】〝袁紹の部下〟で、〝袁紹の真似ばかり〟だった？

## 【演義】〝悪の美学〟を貫く後漢末のアンチヒーロー

『演義』での曹操の初登場は、皇甫嵩《こうほすう》と朱儁《しゅしゅん》が潁川《えいせん》で黄巾賊の張梁《ちょうりょう》・張宝《ちょうほう》軍を火攻めにした場面である。敗れた黄巾軍が落ち延びようとするところで、真っ赤な旗を並べた曹操の部隊が退路を遮るように颯爽と現れる。その際に、若き日には「治世の能臣、乱世の奸雄」と評された（これは歴史書にも類似した話がある）ことも記されており、悪役イメージを植え付けている。

何進《かしん》が宦官に殺害され、その報復で袁紹が宦官を粛清した後、董卓《とうたく》が政権を握るが、その董卓を王允《おういん》から借り受けた七星宝刀《しちせいほうとう》で暗殺しようとして失敗し、郷里を目指して逃亡。その途中で官吏に捕縛されたところを県令であった陳宮《ちんきゅう》に救われ、陳宮は官職を捨ててともに逃げた。

曹操の親類の呂伯奢《りょはくしゃ》の家にかくまってもらったにもかかわらず、呂伯奢宅の人々が曹操たちをもてなそうと準備をしている音を、自分たちを殺そうとしていると勘違いして皆殺しにした。勘違いに気付いた時はすでに遅く、そこから逃げ出そうとしたところで、酒を買いに出かけていて戻ってくる呂伯奢本人と遭遇し、殺害。その際に、「俺が他人を裏切ることがあっても、他人には俺を裏切らせないぞ」という〝悪の美学〟の〝決めゼリフ〟を言っており、これを聞いた陳宮は曹操を見捨てることになる（このセリフは歴史書『三国志』裴松之《はいしょうし》注所引孫盛『雑記』にもあるが、信憑性はかなりあやしい）。このセリフは、『演義』の中での曹操が悪役であると一発で印象付けるのに絶大な威力を発揮している。

曹操は郷里でニセの詔勅を発して董卓打倒の兵を挙げ、袁紹を総大将として諸侯の連合軍を結成。本気で董卓と戦おうとしない連合軍に見切りをつけ、単独で董卓軍とたたかったが敗れ、曹洪から馬を譲ってもらって命からがら逃げのび、連合軍を見捨てて揚州にむかった（董卓軍と単独で戦って敗れ、曹洪のおかげで逃げのびることができたことについては、曹洪の項参照)。

その後、曹操はしばらく物語の中から姿を消し、次に登場するのは董卓が殺され、李傕《りかく》・郭汜《かくし》が政権を握っている頃である。山東地方で猛威を振るっていた青州黄巾(黄巾の乱の残党)を討伐する人材として、朱儁が李傕・郭汜に推薦。すでに東郡《とうぐん》太守となっていた(このあたりを歴史書と比較すると、東郡太守になるまでに、揚州で調達した丹楊《たんよう》兵に反乱されるなどの曹操の〝苦労〟が省略されており、朱儁の推薦で青州黄巾討伐に向かうなど、いろいろと異なっている)。

曹操は鮑信《ほうしん》らと協力して青州《せいしゅう》黄巾を降伏させて〝青州兵〟として重用し、兗州で広く人材を招聘し、荀彧《じゅんいく》・荀攸《じゅんゆう》・程昱《ていいく》・郭嘉《かくか》・典韋《てんい》・満寵《まんちょう》らをそろえ、兗州《えんしゅう》から山東地方に力をのばした。

戦乱を逃れていた父を兗州に迎えようとしたが、徐州で父を殺され、徐州太守の陶謙《とうけん》を逆恨みして攻撃し、民を大虐殺するなど攻勢を強めたが、本拠地の兗州を呂布に襲われ、徐州攻めは失敗。何とか呂布を破った後、長安を脱出してきた献帝を許都に迎え入れ、大将軍となって権勢をふるうようになった。

その後、劉備が治めていた徐州に策略をしかけ、呂布に徐州を奪わせ、自身のもとに逃げ込んできた劉備を迎え入れる。さらに張繡《ちょうしゅう》討伐に出て降伏させるが、張繡の兄嫁に手を出し、色に溺れているところを張繡に襲われ、典韋や長男の曹昂《そうこう》を失った。この辺りは古典的英雄像に則っているというところだろうか。

その後、袁術、呂布を滅ぼし、呂布の後、再び徐州で自立した劉備を攻め破り、関羽を降伏させる。その際、関羽が出した3つの条件(漢の皇帝に降伏するので曹操に降伏していないこと、劉備の妻に俸禄を与え保護すること、劉備の行方が分かった際に関羽が劉備のもとに向かうこと)をのんだうえ、なんとか部下にしようと手を尽くし、いざ関羽が劉備のもとへ向かうとなった際はその心情を理解して見送るなど、単なる悪役ではない一面を見せる。ただ、これは『演義』が成立するころには、関羽がすでに神だったことも影響しているであろう。

袁紹を官渡の戦いで破った後、烏桓《うがん》まで平定して華北の覇者となる。さらに劉備が逃げ込んだ荊州を攻め、劉表の子が降伏してきたことで荊州を手に入れるが、赤壁の戦いで敗れ、天下統一は挫折。

曹操殺害計画に加わっていた馬騰《ばとう》を処刑したことから、その恨みをはらそうとする馬騰の子・馬超や韓遂《かんすい》との戦いに突入。大苦戦するが、賈詡《かく》の策を用いて馬超と韓遂の仲を引き裂き、辛くも勝利。ここまでの功績をもとに董昭《とうしょう》が曹操に魏公の位を受けるよう進言したが、荀彧は強硬に反対。曹操は気分を害した上、荀彧に空の器を送りつけて自殺に追いやった。さらに魏王の位を受けるように進言された際は荀攸が反対。曹操は荀攸も責め、荀攸は憂い憤って死去。曹操はいったん沙汰やみとしたが、そのような動きを見て、伏皇后の勧めを受けた献帝は曹操誅殺を企てたが発覚し、伏皇后と一族は処刑。さらに漢中の張魯《ちょうろ》を征伐し、合肥《がっぴ》・濡須《じゅしゅ》で孫権を破ってから、曹操は魏王となった。

劉備が漢中を攻めてくると、自身で漢中へ出陣するが、夏侯淵を失って撤退。荊州にいた関羽が北伐を開始し、派遣した于禁《うきん》が関羽に降伏して龐徳《ほうとく》らが関羽に敗れると、関羽の進撃を避けるために遷都しようとするなど、慌てふためく有様。関羽の死後、孫権から送られてきた関羽の首が目を見開いたのを見て病に伏し、開頭手術を進める華佗《かだ》を殺してしまった後、自らを暗殺しようとした人々に祟られて死去。

## 【史実】〝袁紹の部下〟で、〝袁紹の真似ばかり〟だった？

歴史書での曹操は、『演義』よりもさらに多面的な魅力を持つ人物である。

まず、何といっても、彼自身がとんでもない「万能の天才」だということだ。

後漢末までにさまざまな人物が内容を書き加え、肥大化していた兵法書の『孫子』に注釈をつけ、編集し直して現在我々が読むことのできる状態にしたのは曹操である(アメリカの国防総省などが参考にしているとされる『孫子』も曹操が注釈をつけたもの)。

加えて、『兵書接要』という兵法書の抜粋集も作っている。政治家としても優秀で、均田制や班田収授法の源流である屯田制や租庸調制の源流と見られる戸調制を実行させている。

さらに、詩の世界でも息子の曹丕《そうひ》・曹植《そうしょく》と並んで「三曹」と称されるほどの才能を持ち、囲碁も強く、書道にも優れ、健康法や薬学にも詳しく、極めつけは改良した酒の醸造法を皇帝に上奏するということまでやっている。その辺の武将とは「次元が違う」としか言いようがない。

■微妙な家柄と気分屋の一面

しかし曹操は、桓帝を擁立した宦官である曹騰《そうとう》の養孫(養子の子)であり、当時の官僚たちからバカにされる出自ではあった。

家柄については劉表・袁紹・袁術の方がより上であった。劉表は前漢・景子の魯恭王・劉余《りゅうよ》の子孫であることがはっきりしており、若い頃から儒者として知られるような後漢の名門貴公子でエリート官僚でもあった。また、袁紹・袁術は「四世三公」の名門として知られる汝南《じょなん》袁氏の出身であり、家格は言うまでもなく、経済力でも曹操をしのいでいたと見られる。

もっとも劉備や孫権らよりは恵まれた環境にあった。孫権は豪族の出身とはいえ、父の孫堅が早くに亡くなり、兄の孫策とともに、中央から離れた袁術のもとにいた。劉備に至っては出身地の涿郡でムシロを織る貧しい生活をしていた。

また、曹操には感情の起伏が激しい一面もあったようである。

父の仇を討つための徐州攻めで万を越える人々を虐殺してしまったことなどは、もうプッツンしていたとしか思えず、また、張魯攻撃の際に「ここはバケモノの国だから、早く帰ろう」などと迷信じみたことを言っている。

『兵書接要』では「大軍が出発する日に、雨が降っていたのにすぐ晴れて、衣冠が濡れなかったのは大凶」という「縁起をかついだだけだろ！」と突っ込みたくなることも書くなど、結構おっちょこちょいな一面もある。

『三国志演義』の仲で描かれる曹操の肖像画

## ■ビジョンがなく真似ばかりなので、すぐ行き詰まる

さらにもう一つキビシイ一面がある。実は、献帝を担ぎあげたことをきっかけとして袁紹と対立するまでは、曹操は袁紹の庇護を受けていたと見た方が良いということである。

たとえば、この二人は共に何顒《かぎょう》という人物から高評価を受けているが、年齢は袁紹の方が十歳ほど上であると考えられる。さらに、反董卓連合軍から離脱した後、揚州での募兵に失敗し、曹操は袁紹の陣営に戻っており、事実上袁紹に仕えていたと考えられる。加えて、曹操が徐州の陶謙を攻撃する際も、袁紹は朱霊《しゅれい》を援軍として派遣していただけでなく、兗州での曹操への反乱と呂布の侵入の際に、袁紹は曹操に兵五千を送り、家族を鄴《ぎょう》に避難させるよう勧告しており、ここで曹操はなんと袁紹の好意に甘えようとしていたのである（程昱らの説得で踏みとどまった）。

このように見ると、袁紹は曹操のうしろだてだったということであおり、曹操は〝袁紹の部下〟であったと考える方がよいだろう。

袁紹を破るまでは目の前の戦いを勝ち抜くことに精一杯であり、この頃の曹操に計画性があったとは思えない。そのためか、袁紹を破った後の曹操の動向も調子に乗っているときはよいが、調子が悪くなると簡単に行き詰まりを見せてしまう。曹操は袁紹を破った後、袁紹の天下統一策（河北割拠↓河南侵攻↓天下平定）を引き継いで河北を完全に制圧し、勢いに乗って南方遠征に向かった。

だが、拍子抜けするほど簡単に劉表の勢力を制圧すると、そのまま孫権に攻撃をかけ、疫病にも苦しみながら赤壁の戦いで大敗。これで曹操の〝借り物の〟天下統一策が挫折してしまった。そしてその後はあっさりと方針を変更し、天下統一ではなく自らの権力・権威の確立に向かっていくことになったのである。

とはいえ、それでもなんとか華北を制覇できたのだから、やはり曹操はトンデモない才能の持ち主なのだろう。

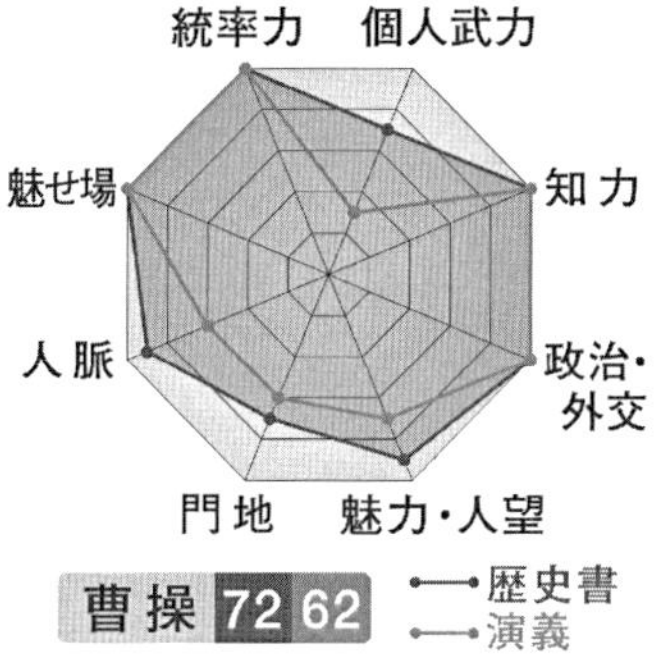

# 夏侯惇《かこうとん》（元譲《げんじょう》）

［予州沛国の人／？～220年］

【演義】一騎討ちでも活躍した片目の猛将
【史実】前線よりも後方支援や内政を担った

## 【演義】一騎討ちでも活躍した片目の猛将

夏侯惇は学問の師をバカにした男を殺害して逃亡したが、曹操が挙兵したときに部将となった。その後、董卓配下の徐栄《じょえい》を討ち、呂布や関羽などとも一騎討ちで闘う場面も多い猛将として、董卓討伐から数々の戦いで活躍。

呂布征伐の際に呂布配下の曹性《そうせい》の矢が左目に刺さり、矢を抜いた際に左目も飛び出すと「父母の血でできたものを捨ててなるものか」と叫んで左目を呑み込み、曹性を討ち取った。

漢中では曹操が発した「鶏肋《けいろく》」という言葉を布令と勘違いし、それを楊修《ようしゅう》が（漢中は捨てるには惜しいが、執着しても無駄ということを意味していると受け取って）「撤退」と解釈したのを受けて引き上げの準備をして、処罰されかけた。

曹操が亡くなる際、枕元に呼ばれたが、そこで曹操が殺した献帝の妃や皇子、董承《とうじょう》の亡霊を見て倒れ、曹操の後を追うように死去。

## 【史実】前線よりも後方支援や内政を担った

歴史書でも学問の師をバカにした男を殺害したが、有名になったとあり、逃げていない。

呂布征伐の際に片目を負傷し、『演義』では負傷した目を食べたことになっているが、歴史書にはそんな記述はない（ちなみに、偽の降伏をしてきた呂布の兵の人質となってしまった話は韓浩の項を参照)。それ以降「盲夏侯」と呼ばれたが、本人は嫌だったらしく、鏡を見るといつも鏡を地面に叩きつけていた。

『演義』とは異なり、軍の指揮をとるのは不得手だったのか、実際には人質となってしまった呂布との戦いでも輜重《しちょう》(軍需物資の補給)を担当しており、曹操が袁紹を官渡で破った後の河北平定の際にも(恐らくは軍需物資の補給を含む)後方からの支援や防備・治安維持にあたっていたりするなど、戦場で活躍するより後詰の方が多かった。出撃しても、撤退した劉備を追撃した博望坡《はくぼうは》の戦いでは、逆に伏兵に反撃されて窮地に陥って危ないところを李典《りてん》に救われている。

その一方で行政官としての業績は大きかったこともあって曹操からの信頼は厚く、魏公国、魏王国が成立すると曹操の配下は魏の官職を与えられていたが、その中でも、夏侯惇は後漢王朝の官職のみについていて、後漢王朝の臣下としては曹操と同格とされ、曹操の臣下として扱われない特別待遇を受けていた。もっとも、夏侯惇本人は不満だったらしく、曹操に請い願って魏の官職を授けられたという。

そんな「曹氏政権の重鎮」である夏侯惇が曹操の皇帝即位についてどのように考えていたかについては、史料によって見解が異なっている。『三国志』武帝紀裴松之注所引『魏氏春秋』によると夏侯惇が積極的に即位を勧めたとされ、同裴松之注所引『曹瞞傳』や『世語』では桓階が即位を勧めると、夏侯惇は蜀を滅ぼし、さらに呉を服属させてからの即位を主張したとされる。結局、曹操の皇帝即位についての夏侯惇の考えは「よくわかっていない」とするのが現時点での正解となるだろう。

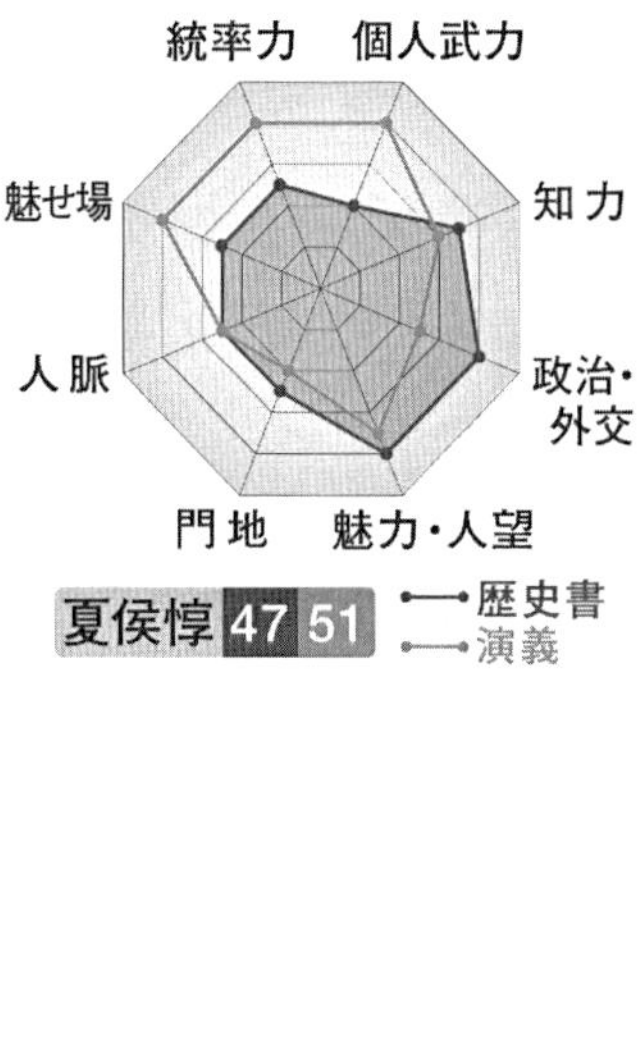

# 夏侯淵《かこうえん》（妙才《みょうさい》）

［予州沛国の人／？～２１９年］

【演義】黄忠に斬られた曹操軍の古参武将
【史実】「白地将軍」との酷評も、西方遠征には功績

## 【演義】黄忠に斬られた曹操軍の古参武将

夏侯惇の族弟。曹操が董卓討伐に挙兵した際に夏侯惇《かこうとん》とともに配下となる。その後、董卓や劉備、袁紹などとの戦いで活躍。荊州攻めでは逃げる劉備を追っている。

馬超との戦いでは、最終的に「離間の計」に嵌った馬超を許褚《きょちょ》・徐晃《じょこう》・曹洪《そうこう》と囲み、敗走させた。その後、長安を守り、隴西《ろうせい》を攻撃した馬超を撃退。漢中の張魯《ちょうろ》攻めでも先鋒を務めるなど功績を挙げ、曹操の帰還後は定軍山を守った。

しかし、張郃《ちょうこう》らが黄忠《こうちゅう》に敗れて逃げてくると曹操に報告し、曹操は自ら出陣。劉曄《りゅうよう》が「援軍の到着前に剛毅な夏侯淵が計略に乗せられるとまずい」と心配したため、曹操は注意する手紙を送ったが、夏侯淵をおびき出す法正《ほうせい》の策に嵌って黄忠に斬られ、曹操は嘆き悲しんだ。

## 【史実】「白地将軍」との酷評も、西方遠征には功績

曹操の身代わりで罪を引き受け、曹操が救出したことがある。曹操の挙兵以来、配下として活躍。袁紹との戦いの後は兵糧輸送で貢献した。

赤壁の戦いの後、長江流域の賊を討伐。さらに徐晃とともに北方の賊も鎮圧。さらに、反乱を起こした馬超・韓遂《かんすい》ら

の討伐に従軍。馬超が涼州で再起し、涼州刺史《しし》・韋康《いこう》を包囲すると、夏侯淵は救援のために出撃したが、一旦は敗北。その後、馬超を倒す謀をめぐらしていた姜叙《きょうじょ》らが馬超を追い出すと、漢中に逃げた馬超が張魯から兵を借り、祁山《きざん》に進出。姜叙らは夏侯淵に救援を求めてきたが、周囲は曹操に判断を仰ぐべきだと反対した。しかし長安に駐屯していた夏侯淵は、「公（曹操）がいる鄴までは往復四千里もあり、返事を待っているうちに姜叙らは敗北してしまう」と言って、独断で急襲したため、馬超は戦わずに逃走し、張魯の元へ逃げた。

その後、韓遂を追撃して略陽に至ると、周囲の者たちはさらに近くにいた韓遂を追撃することやこれも近くにいた異民族の氐《てい》族を討伐しようと主張した。しかし、夏侯淵は羌族を多く含む韓遂の兵が精鋭であり、氐族の城の守備も固いために陥落させられないと考え、韓遂の軍に参加している羌の諸部族の屯営を討伐し、その救援にやってくるであろう韓遂を破ろうと考え、軽装の騎兵・歩兵を率いて出陣。夏侯淵の計画通りに勝利し、その後氐族の城も包囲して降伏させるなど、状況判断の冴えを見せた。さらに河首平漢王を名乗っていた宋建《そうけん》を一か月ほどで破って羌《きょう》族を降伏させ、馬超や韓遂らが支配していた隴右《ろうゆう》方面の平定を成し遂げた。

曹操が張魯を降した後、漢中の守備にあたるが、逆茂木《さかもぎ》（侵入を防ぐために先を尖らせた木の枝を外に向けて並べた柵）の修理を監督している最中を襲われ、黄忠《こうちゅう》に斬られた。

機動力を活かした急襲・電撃戦を得意とし、馬超・韓遂や氐・羌との戦いでは成果を挙げた有能な将軍の一人だったが、その長所の裏返しは「軽率」ともなり得た。実際、夏侯淵は自軍の中からも「白地将軍（「白地」は「なんとなく」の意）」と呼ばれ、彼の死後に主君の曹操からも「夏侯淵は用兵が得意ではなかった」などと命令書に書かれる始末。要するに、「あの人、今は結果が出てるからいいけど、あれで大丈夫？」ぐらいに曹操や周囲の人々から思われていたということだろう。

このようにみると、「有能な〝将軍〟だが、守備も考慮しなければならない方面司令官としては〝？〟」というのが夏侯淵への評価となるが、そんな人物を任命した曹操にも責任の一端はある（街亭の戦いにおける諸葛亮と馬謖の関係のようなものである）。実際、夏侯淵が漢中の守備を任されたとき、周囲は韓浩《かんこう》が任命されるものと思っており、意外な人事であったとされる。後継者問題を含む士大夫層との軋轢による政権内部の不安があった任命せざるをえなかったと考えられているが、それ故に〝その任《にん》ではない〟漢中守備を任された夏侯淵は不運なのかもしれない。

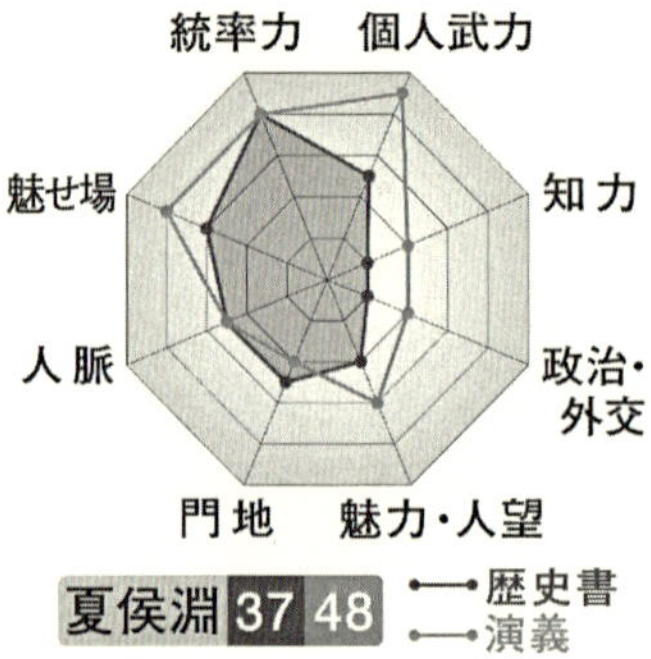

# 曹洪《そうこう》（子廉《しれん》）

［沛国譙県の人／？～232年］

【演義】「やられ役」にされた曹軍の地味な功臣
【史実】戦歴は堅実だが、〝超ケチ〟なトラブルメーカー

## 【演義】「やられ役」にされた曹軍の地味な功臣

『演義』での曹洪は血の気が多く、やられ役を担わされる場面も多々あった。兗州《えんしゅう》に攻め込んできた呂布との戦いでは陳宮《ちんきゅう》の策略と張遼《ちょうりょう》・臧覇《ぞうは》に苦しめられたし、諸葛亮が劉備に仕えて初めて指揮を執った博望坡の戦いでは見事なまでの敗北を喫している。

さらに、馬超との戦いで徐晃とともに潼関《どうかん》の守備を命じられたときには、馬超軍の罵倒にキレてしまい、曹操の指示に背いて出撃して失敗。敵に潼関を奪われてしまい、怒った曹操に斬首されそうになっている。

ただ、功績も多く、後述のように董卓軍に敗れた際には馬を曹操に譲って無事に撤退させた。官渡の戦いでも活躍し、さらに袁譚《えんたん》を討ち取り、斬首されそうになった馬超との戦いでは、一時馬超に追い詰められた曹操を救っている。

曹操の没後は登場することも減り、曹丕が皇帝になる際に、宮中に押し入って玉璽を奪ったのが、曹洪の登場する最後の場面である。

## 【史実】戦歴は堅実だが、〝超ケチ〟なトラブルメーカー

曹操の従弟。史実では大きな失敗もなく、堅実な働きを見せている。董卓討伐の際、曹操が董卓の部下の徐栄《じょえい》に大敗すると、自分の馬を曹操に譲り、自身は徒歩で共に逃げのびた。ある意味で、これが曹洪の一番の功績である。

また、徐州討伐の際に本拠地の兗州《えんしゅう》に呂布が攻め込むと、曹洪は本軍に食糧を送るなどの功を挙げた。さらに、官渡の戦いでも本陣を守って活躍し、張飛と巴蜀《はしょく》方面で戦ったときには曹休《そうきゅう》とともに張飛を破っている。

しかし私生活では意外とクセのある人物でもあった。宴会でふくよかな曹真《そうしん》をからかって激怒させたこともあり、馬超を防いだ後の宴会でハメを外しすぎて楊阜《ようふ》に怒られるなど、酒と女性にまつわるトラブルメーカーだった。

さらにトンデモない〝ケチ〟で有名で、曹丕が借財を申し込んでも断り、それを根にもっていた曹丕が帝位につくと、曹洪を罪に陥れて処刑しようとしたが、曹丕の母が手を回したので救われている。

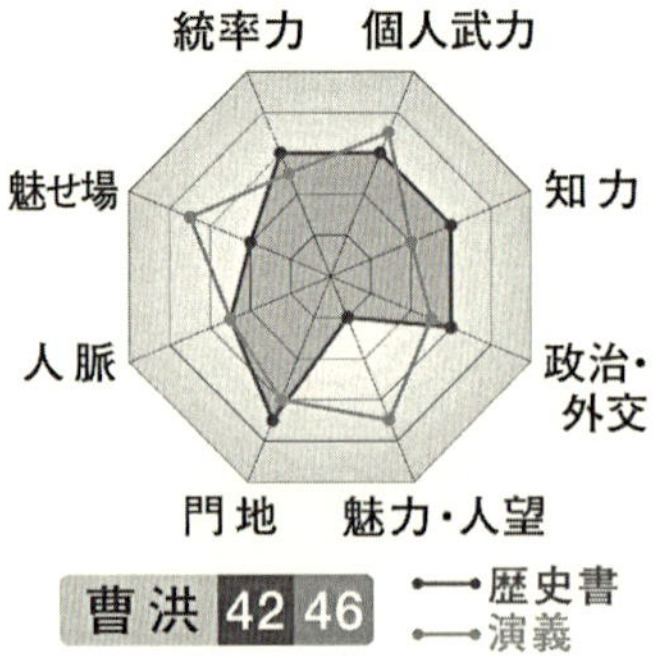

# 于禁《うきん》（文則《ぶんそく》）

［徐州泰山郡の人／?～221年］

【演義】曹操の姑息な悪事も遂行する「懐刀の悪い奴」
【史実】晩節を汚すも、初期は曹操軍の超主力武将

## 【演義】曹操の姑息な悪事も遂行する「懐刀の悪い奴」

曹操が父の仇を討つため徐州を攻撃した際の先鋒の一人として初登場し、数々の戦いで活躍。博望坡の戦いでは夏侯惇《かこうとん》の副将として戦い、夏侯惇に火計を注意したものの聞き入れられずに敗北。荊州が降伏した後、不要となった劉表の子・劉琮《りゅうそう》を殺害。赤壁の戦い直前には、周瑜の計略によって処刑された蔡瑁《さいぼう》・張允《ちょういん》の後任として水軍都督となった。

その後、関羽に攻められた樊城《はんじょう》の龐徳《ほうとく》の救援に赴くが水攻めにあい、命乞いをして関羽に降伏。曹丕の代になって、魏に送り返されたが、曹丕から曹操の墓の管理を命じられて赴くと、自らが降伏する姿が描かれているのを見て、発病して死去。

## 【史実】晩節を汚すも、初期は曹操軍の超主力武将

歴史書では、黄巾の乱が起こると鮑信《ほうしん》に従い、さらに王朗《おうろう》の配下から王朗の推薦で曹操に仕えた。その後、呂布や黄巾の残党、赤壁の戦い前後の氐《てい》族との戦いなどで、まだ不安定だった初期の曹操軍を大いに支える活躍をした。

また、清廉で規律を重視し、特に張繡《ちょうしゅう》との戦いでは、主力部隊であるためにわがままな振る舞いが目立った青州兵《せいしゅうへい》を規律通り締め上げ、曹操から評価された（この話は『演義』にも存在している）。さらに冀州《きしゅう》平定後に昌豨《しょうき》が二度目の反乱を起こす（一度目は張遼の説得もあり、許されていた）と、于禁が鎮圧。昌豨は于禁と旧友であることを頼みに赦しを乞うたが、曹操の判断を待たずに規律に準じて処刑した。これも曹操に評価されたが、一方で頑固すぎて、部下に厳しく人気がなかった。

劉琮殺害や蔡瑁・張允の後任の水軍都督になった話は歴史書にはなく、劉琮は青州刺史に就き、蔡瑁・張允も同じく厚遇されている。

関羽討伐の際に降伏したのは雨と洪水に祟られたためで

あり、魏へ帰還した後、曹操の墓に行ったのは曹丕の使者として呉へ赴く際だったのは『演義』とは異なる。曹操の墓に描かれた自分の降伏する姿を見て病となり死去した話は歴史書にもある。

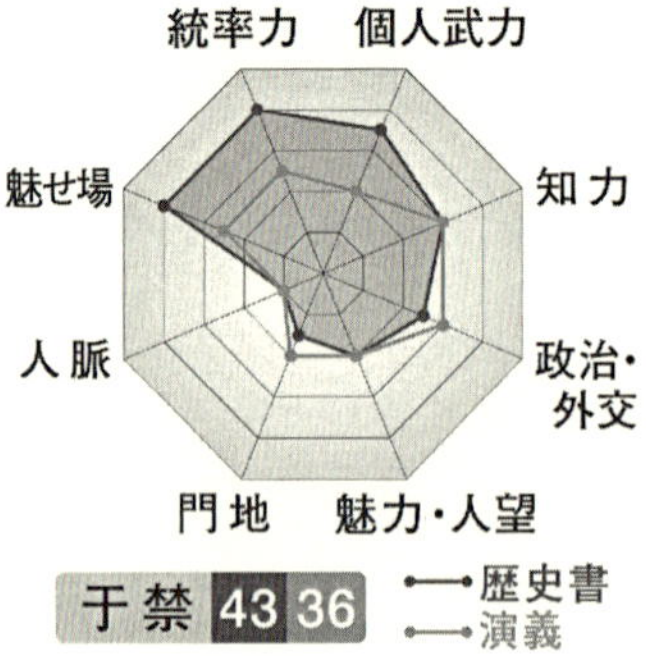

# 臧覇《ぞうは》（宣高《せんこう》）

［兗州泰山郡の人／?～230もしくは238年］

【演義】呂布配下から曹操に下った「地味な賊将」
【史実】青州兵を率い、青州・徐州を任された「影の大物」

## 【演義】呂布配下から曹操に下った「地味な賊将」

『演義』での臧覇は、呂布配下の8人の「健将」と呼ばれる将軍の中でも張遼《ちょうりょう》に次ぐ将軍として登場し、張遼とともに他の6人の将軍を指揮していたとされる。

楽進《がくしん》と一騎討ちで互角に戦い、張遼とともに袁術軍の雷薄《らくはく》を破るなど活躍を重ねたが、呂布が曹操に殺されると彼に降伏。留まって徐州を統治し、徐州・青州をおさえた。

その後、赤壁の戦いの直前に、戦いの場から脱出したい徐庶《じょしょ》が流した「馬騰《ばとう》・韓遂《かんすい》が攻めてくる」という噂に対処するため、曹操は徐庶と臧覇を派遣した。これが『演義』での臧覇の登場する最後の場面であり、物語の中での重要人物とは思えない。

## 【史実】青州兵を率い、青州・徐州を任された「影の大物」

歴史書での臧覇は、別名が「奴寇《どこう》」だったことから庶民の出とも推測される。県の下っ端役人だった父が、理不尽な地方長官に捕らえられた際には、18歳の臧覇が手下数十人を引き連れて奪回し、亡命したという強烈なエピソードも残っている。

黄巾の乱が始まると、陶謙《とうけん》のもとで活躍。その後、独立勢力となり呂布と戦うが、後に同盟を結ぶ。呂布が敗れると曹操に捕まったが、曹操は臧覇を気に入り、青州・徐州を委任統治させた。この背景には、陶謙に父を殺された曹操が徐州を攻めて大虐殺をやった過去があるため、直接統治をすると反発を受けると考えたことがあった（臧覇と同様に、曹操から一地方の統治を委任されたのは、関中（長安方面）を任された鍾繇《しょうよう》であるが、これは袁紹・呂布などの群雄がまだ数多く割拠しており、馬騰・韓遂らが力を持っていた関中にまで曹操の手が回らなかったためである）。

曹操と袁紹の戦いの際には青州へ出撃して牽制し、混乱した青州・徐州を平定。また、赤壁の戦い以降は、張遼らと共に孫権（呉）軍との戦いにたびたび出撃している。

　曹操が亡くなった際に臧覇の配下の青州兵《せいしゅうへい》が勝手に立ち去った（臧覇は太平道や黄巾の乱の残党と密接な関係を持っていた可能性がある）ことに加えて、臧覇が「歩兵・騎兵1万人を私にお貸しくだされば、長江の彼方を横行してみせる」などと言ったため、曹丕に警戒されて中央に呼び戻された。

　とはいえ、曹丕から軍事面について常に相談されていたことや、封邑《ほうゆう》（定められた数の戸からの賦税を収入とすることを皇帝から認められ、与えられた戸）も比較的多くなっていた（最終的に曹一族の曹仁《そうじん》と同じ3500戸）ことなどから見ると、高く評価されていたと思われる。

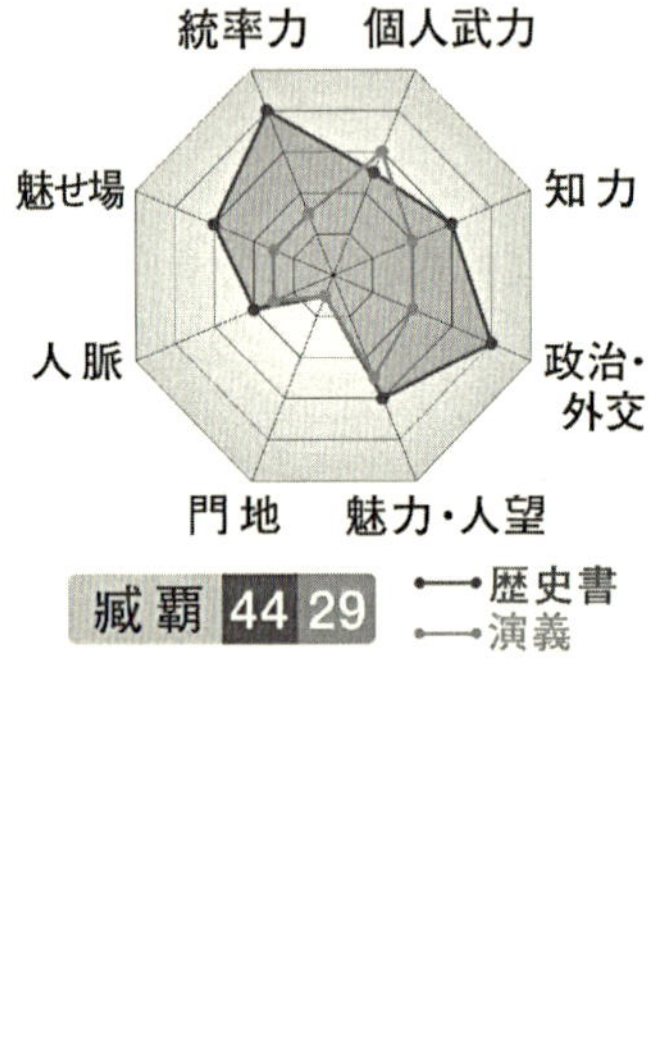

# 韓浩《かんこう》（元嗣《げんし》）

［河内の人／?〜?年］

【演義】「やられ役」韓玄の弟で、同じく「やられ役」
【史実】屯田制を提案、内政・軍事に有能な「肝っ玉参謀」

## 【演義】「やられ役」韓玄の弟で、同じく「やられ役」

『演義』での韓浩は、配下だった黄忠《こうちゅう》が関羽と内通していると疑って処刑しようとしたところ、逆に黄忠を救おうとした魏延《ぎえん》に斬られてしまった短気で人望がない長沙太守・韓玄《かんげん》の弟とされている。韓浩本人もまったくいいところがなく、どうしようもないほどの「やられ役」である。

劉備に仕えた諸葛亮の初陣でもある博望坡の戦いでは、夏侯惇《かこうとん》の配下として出撃して敗れた。曹洪《そうこう》によって益州の葭萌関《かぼうかん》へ張部《ちょうこう》を援助するために派遣されたときも、夏侯尚《かこうしょう》と共に出撃したが、兄・韓玄の仇として怨んでいた黄忠と戦って敗れる。そしてその後、逃げ込んだ天蕩山《てんとうさん》で黄忠にあっさり斬られている。

## 【史実】屯田制を提案、内政・軍事に有能な「肝っ玉参謀」

ところが、歴史書での韓浩は『演義』とはまるで違い、政治・軍事で堂々たる業績を持つ人物である。

韓浩の最大の政治的業績は、何と言っても棗祗《そうし》とともに「屯田制を提案したこと」である。これによって曹操政権は財政的基盤が確立したとされるのだから、これだけでも大功労者であることは疑いない。

また、韓浩は肝の据わった人物でもあった。若い頃、董卓と対戦した際に、舅を人質に取られ脅されたが屈しなかった。その話を聞いた袁術に取り立てられ、さらに夏侯惇に誘われて曹操陣営に加わり、夏侯惇の配下となった。

その夏侯惇が偽の降伏をしてきた呂布の兵の人質となり、脅されたときも韓浩は屈せず、泣きながら夏侯惇に「決まりですので」と告げると、味方の兵を呼んで夏侯惇が人質になっている状態のまま襲いかからせた。すると、夏侯惇を人質にしていた者たちは怖れて土下座したが、韓浩は彼らを叱りつけて容赦なく斬り捨てた。結果的に夏侯惇は助かった。

この後、柳城《りゅうじょう》の匈奴征伐をはじめとして、曹操の征伐を参謀として支えた。張魯を征伐した後、漢中方面の総司令官として推薦されたが、曹操は「側近として必要だ」として共に帰還している。

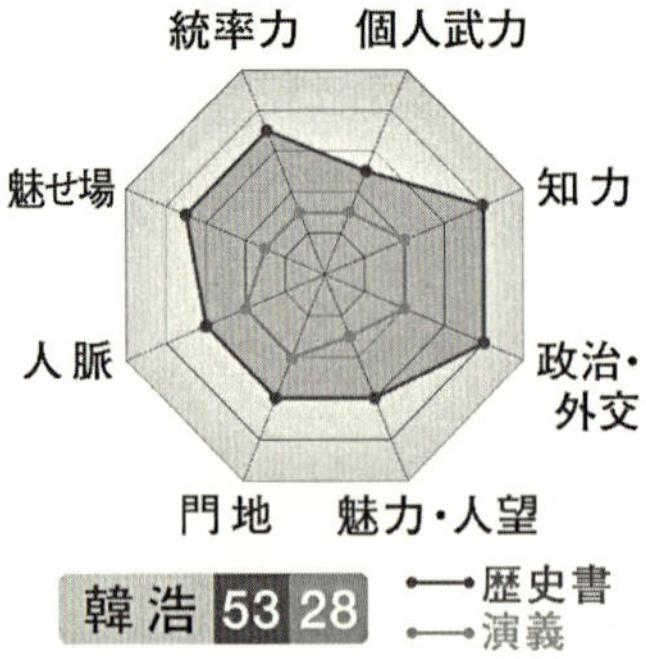

# 陳登《ちんとう》（元龍《げんりょう》）

［徐州下邳国の人／？～204？年］

【演義】父とともに呂布を惑わした策士
【史実】曹操や劉備が認め、孫権を撃破した「広陵の壁」

## 【演義】父とともに呂布を惑わした策士

徐州の陶謙《とうけん》の配下で、徐州を譲り受けた劉備にも仕え補佐役となる。父の陳珪《ちんけい》と共に徐州を守るために策略をめぐらした。

その後、呂布が劉備から徐州を奪いとると、配下として働くふりをしつつも、使者として曹操のもとに赴き、早く呂布を滅ぼす策を建てるよう忠告。内応を約束して曹操から広陵太守に任命されると、当然呂布は怒ったが、なんとか言いくるめて難を逃れた（これはほぼ歴史書通り）。曹操が呂布を討伐すると、呂布を騙して下邳を奪った。

董承らとの曹操暗殺計画が露見し、徐州を守っていた車冑《しゃちゅう》を殺して居座った劉備が曹操に敗れて徐州から逃げ去ると、徐州を曹操に献上。その後は華佗の診療例の一つとして名が現れるのみである（これも歴史書にある）。

## 【史実】曹操や劉備が認め、孫権を撃破した「広陵の壁」

25歳で官僚となり、東陽の県長を経て、陶謙の推薦で典農校尉となり実績を挙げた。さらに、父の陳珪とともに、呂布と皇帝を名乗った袁術が同盟しないよう策略をめぐらした（『演義』では陳珪のみの動きである）。曹操の呂布討伐の際には、曹操に服属して『演義』のように呂布を城内で騙したのではなく、先鋒となって活躍。

その後、曹操の配下となった後は、陳登は江南征服という志を抱き、曹操にも進言していた。したがって、孫策とも対立していた。そんな中で孫策の後を継いだ孫権の軍が10倍の兵数で陳登を攻撃するも、陳登は部下の陳矯《ちんきょう》を派遣して曹操に救援を要請する（このような状況を見ると、臧覇と同じように徐州・広陵方面の統治を委任されたのであろう）。援軍が到着すると孫権軍を大敗させたが、39歳で死去した。

実は、陳登は魚の膾《なます》を食べたことから胃に虫がわき、華佗に治療してもらったことがあった。その際、3年後の再発を予言され、名医をそばに置いておくよう助言されたが、本当に再発した際に華佗をはじめとする名医が誰も陳登のそばにおらず、亡くなったとされる。

『演義』では父の陳珪の影に隠れた存在だが、歴史書での陳登は劉備から「文武両道を兼ね、勇気と志を持っている人物」と評されるほどであった。一方で自惚れが強く驕っていたと評されることもあったが、曹操は「陳登が生きていれば、孫権に長江の北まで取らせることはなかっただろう」と残念がったという。

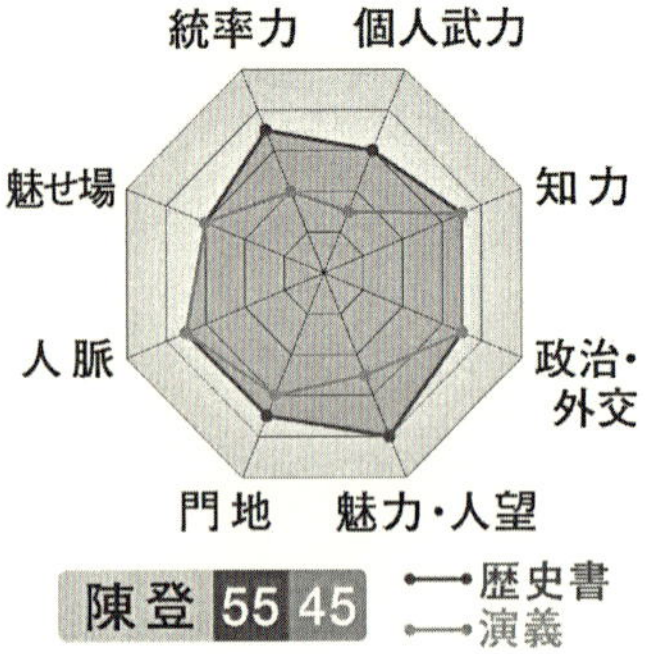

# 荀彧《じゅんいく》（文若《ぶんじゃく》）

［予州潁川郡の人／163～212年］

【演義】数々の計略を授けた「曹操軍第一の軍師」
【史実】人材を集め、曹操政権を支えた「名族」

## 【演義】数々の計略を授けた「曹操軍第一の軍師」

曹操が兗州《えんしゅう》を奪取した際、自分を評価していた袁紹を見切り、曹操に仕えたところで初登場。呂布が兗州に攻め込んできた際には、鄄城《けんじょう》・范《はん》・東阿《とうあ》の三県を程昱《ていいく》らと死守した。さらに、献帝を迎えるように進言し、曹操が「漢の朝廷のために戦う」という大義名分を得ることに貢献。

二匹の虎の間にエサを投げて争わせ、くたびれたところを二匹とも倒すという「二虎競食《にこきょうしょく》の計」（徐州の劉備のもとに呂布が逃げ込んだことから、劉備を徐州太守に任じ、呂布討伐の密命を下して彼らを争わせた。しかし義を重んじる劉備が、頼ってきた呂布を討つことを拒んだため失敗）や、虎に豹を狙わせて、留守になった虎の巣穴を狼に狙わせる「駆虎呑狼《くこどんろう》の計」（皇帝の命令で劉備（虎）に袁術（豹）を攻めさせ、呂布（狼）に劉備のいない徐州を乗っ取らせるという）を提案し、後者は成功している。

その後は許都で後方支援を担当し、官渡の戦いでは袁紹との決戦を控えて弱気になる曹操を励ますなどの進言もした（歴史書でもほぼ同じ）が、赤壁の戦いでは登場しない。

曹操が魏公になることに反対した後、孫権征伐に随行して体調を崩した際に、曹操から空の器が届けられると、これを「お前はもう用なしだ」という意味に解釈し、自殺。

## 【史実】人材を集め、曹操政権を支えた「名族」

歴史書での荀彧は、故郷の名族の出身である。若い頃には、袁紹・曹操を高く評価した何顒《かぎょう》によって才能を認められている。ただ、宦官の養女を妻としていることから考えると、その後の評価は微妙だったとみられ、曹操の前に仕えていた韓馥《かんぷく》や袁紹から厚遇されたという話はない。したがって、荀彧が曹操を選んだ理由が「袁紹の器量を見限ったため」は言い切れず、単純に「袁紹のところでは自らの力を発揮できないと思ったため」という可能性もある。

曹操は荀彧を得たことを「我が子房が来た」（前漢の劉封

が張良を迎えたことになぞらえている）と喜んだが、これは名族・荀氏の看板を活用できると考えたことも理由の一つだろう。また、陳羣《ちんぐん》・郭嘉《かくか》・司馬懿など多数の人材を曹操に推薦したが、自らの人脈で固めただけのようにも見える。ちなみに、「二虎競食の計」や「駆虎呑狼の計」は歴史書にはない。

　その後も官渡の戦いでの励ましや荊州攻めの戦略など適切な助言を続けて活躍したが、曹操の魏公就任に反対し、憂いながら死んだとされる（自殺説もある）。

　最近の研究では、荀彧が曹操に策を述べる際に、曹操を劉邦に、献帝を（項羽や劉邦が自分たちを正当化するために立てた）楚の義帝に例えていることに注目し、荀彧は漢王朝への忠誠を尽くそうとしておらず、後漢の献帝を曹操の正当化のために利用しただけだと考えられている。繰り返しになるが、荀彧にとっては漢の復興よりも、人々の中にある漢王室や皇帝への忠誠心を利用してでも曹操による天下統一の方が優先されたのである。

　ところが、曹操は赤壁の戦いの後の「求才令（人格に問題があっても才能があれば採用するという布告）」の中で、「清廉潔白の人材だけを採用したものが覇者になれただろうか」などと述べ、早期の天下統一を諦め、自らの覇権の確立を追求しはじめていたのである。曹操が後漢王朝の下での自らの領域の確定を目指す魏公への就任は、天下統一を諦めた曹操による覇権確立の象徴であった。このような荀彧と曹操の方向性の違いが不自然な形での荀彧の死という結果を招いてしまったと見られる。

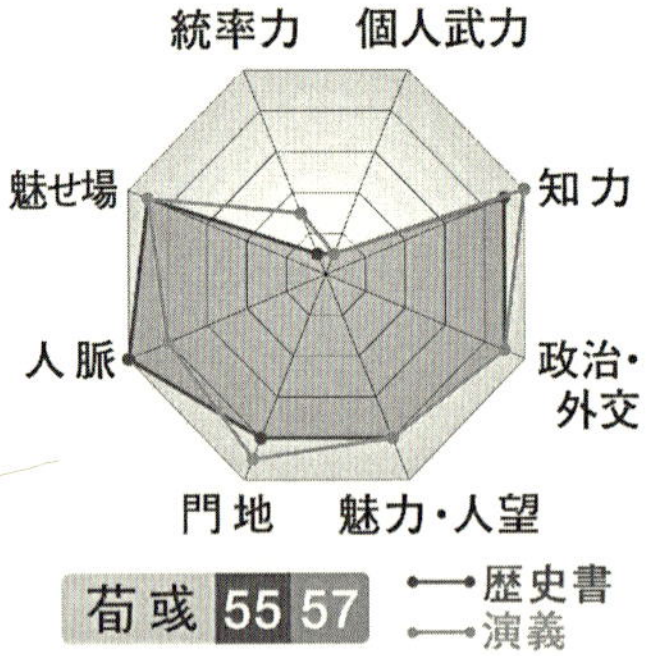

# 鍾繇《しょうよう》（元常《げんじょう》）

［予州穎川郡の人／151〜230年］

【演義】馬超に長安を落とされた「存在感の薄い高官」
【史実】伝説の書道家で、西を任された方面司令官

## 【演義】馬超に長安を落とされた「存在感の薄い高官」

赤壁の戦いの2年後、曹操が銅雀台で宴会を開いた際、詩を献じた文官の一人として初登場。馬超が父・馬騰《ばとう》の仇を討つために挙兵したときには、長安太守として迎え撃つが大敗。その後、長安城を固く守ったが、馬超軍に城を包囲され、弟の鍾進《しょうしん》を龐徳《ほうとく》に殺されて敗北。潼関《どうかん》まで落ち延びて曹操に救援を求め、派遣されてきた徐晃《じょこう》に守備を譲った。

さらに曹操の生前には、曹操を魏王に任命する献帝の詔勅を起草し、金禕《きんい》や韋晃《いこう》、耿紀《こうき》のクーデター未遂の後で魏王国の相国《しょうこく》となった。最後の登場は、太傅《たいふ》となっていた曹叡《そうえい》の時代に曹真が連敗していた際、諸葛亮の第一次北伐のときに失脚していた司馬懿の復権を曹叡に進言した場面である。

このように見ると、馬超らに敗れたとはいえ、最後にはかなりの高位にのぼった文官ではある。しかし目立った業績はなく、存在感は薄い。

## 【史実】伝説の書道家で、西を任された方面司令官

ところが、歴史書での鍾繇はとんでもない“業績”を残し続けた人物である。

まずは何といってもこの人は「トンデモなく評価の高い書道家」である。数百年後の南朝・梁の武帝からは、現代でも「書聖」とされる王羲之《おうぎし》よりも高く評価されるほどだ（ただ、現存している彼の筆跡は信ぴょう性に欠けるものが多いとされる）。

そのためか、蔡邕《さいよう》の書を欲しがった彼は、『魏書』編纂にも関わった韋誕《いたん》が持っていると知ると血を吐くほど悲しんで曹操から薬をいただいて助けてもらった上に、韋誕が亡くなった際に、その墓を掘り返してでも手に入れたという、トンデモなく鬼畜で伝説的なエピソードも残っている。

政治の世界でも業績は大きい。荀彧《じゅんいく》・荀攸《じゅんゆう》らを官界に送り出した陰修《いんしゅう》の推薦を受けて世に出て、曹操が兗州《えんしゅう》牧になろうとして皇帝に上表したとき、疑う李傕《りかく》・郭汜《かくし》に対して曹操を弁護した。

196年の献帝の長安脱出に貢献。曹操が献帝を迎え入れた後は、袁紹・呂布をはじめとする東方の群雄との戦いに忙しい曹操から長安などの関中方面を任されたが、「法令に縛られずに自由に裁量してよい」とされるほど、この方面では独裁的な権限を持っていたのである。実際、馬騰《ばとう》・韓遂《かんすい》から子を人質として取ったうえに、官渡の戦いでは曹操に馬を二千頭ほど供給し、さらには袁尚《えんしょう》と組んだ匈奴も撃退（親戚の郭援《かくえん》も）し、洛陽も復興させるなどの業績も残している。

ただ、張魯討伐の際に、鍾繇は馬超にも人質を要求しようとし、曹操が衛覬《えいき》の反対を押し切ってその策を採用した結果、馬超らの反乱を招いたという、見方によってはイタい一面もある。

その後は中央に戻り、魏王国の相国《しょうこく》（宰相）となったが、かつて彼が推薦した魏諷《ぎふう》がクーデター未遂を起こすというイタい事件が起こり辞任した。しかし仲が良かった曹丕の代になると復権し、魏王国の大理《だいり》から魏の太尉《たいい》、太傅《たいふ》となった。

ただ、この人、書道を抜きにしても、トンデモエピソードが多い。朝廷に出てこないと思ったら美人にハマっており、実はその美人は化け物（ゾンビの類）だったとか、『春秋』の左氏伝と公羊伝をめぐって元部下の厳幹《げんかん》と言い争って勝ち誇るとか、曹丕から元妻との復縁を命じられてキレてしまい、自殺しようとしたが薬がないので山椒《さんしょう》を口に放り込ん

で口がきけなくなったとか、もうイッちゃってるとしか思えない話が伝わる。

　このような話が残るのも、関中方面で揮った剛腕ぶりや書道家としての名声の裏返しでもあろうが、何よりも息子が次の王朝を開いた司馬氏に反逆したあの鍾会《しょうかい》であることも大きいのではないだろうか。

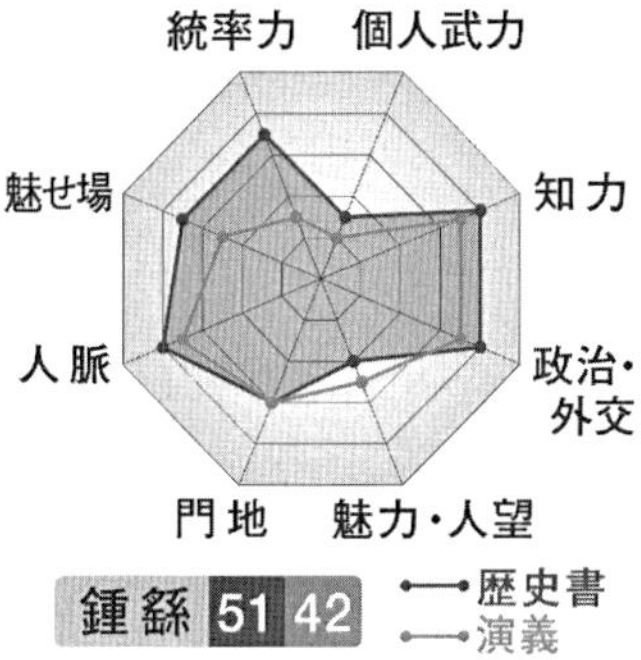

# 曹丕《そうひ》（子桓《しかん》）

［予州沛国の人／187〜226年］

【演義】相当に〝S〟の部分をもつ曹操の後継者
【史実】〝戦争以外は〟父譲りの多才さを発揮

## 【演義】相当に〝S〟の部分をもつ曹操の後継者

『演義』では、曹操が鄴《ぎょう》を落とした際に袁熙《えんき》の妻・甄氏《しんし》を奪い自分の妻とする場面から登場する。その後、曹操の後継者となったが、曹操や曹植《そうしょく》の側近を抱きこむなど、その地位を手に入れるまでにかなりの策略をめぐらしたことが描かれている。

曹丕が魏王になると、早速〝S〟な部分を発揮する。まず、功労者でもあったが関羽に敗れ降伏した于禁《うきん》を死に追いやり、曹操の葬儀に参列しなかった弟の曹熊《そうゆう》を自殺に追いこんだ上に、もうひとりの弟・曹植も殺そうとした。その際、「七歩歩く間に詩を作れ」と命じたが、曹植の見事な詩に涙を流し、母からの諫言もあって、諸侯に落とすだけですませた。

その後、魏の初代皇帝となり、劉備没後の蜀や呉も攻撃したがいずれも成功せず、在位7年で死去。

## 【史実】〝戦争以外は〟父譲りの多才さを発揮

歴史上の曹丕は、学問や武術にも優れ、度量もあった人物であり、「文章は経国の大業なり」の一文が有名な『典論』も執筆するなど父親譲りの多才さも持ち合わせていた。

内政面では、曹操没後の魏を安定させ、後漢から魏に替わる際の官僚への〝踏み絵〟の意味もあった「九品中正法」という人事制度も陳羣らに命じて制定させている。これは「中正」という中央から地方に派遣された役人が人物に九等の序列をつけて中央政府に推薦し、中央政府はその推薦での序列に基づいて官職を授けた制度。人物の推挙の実権を地方の有力者から奪い中央政府が持つことと、推挙の基準を名声などではなく能力主体に切り替えることが狙いだった（しかし、推挙する側もされる側も地方の豪族だったこともあって、結局基準は名声中心に回帰し、中央政府が官僚人事を主導する形は有名無実化した）。

ちなみに、曹植との後継者争いは、本人たちよりも取り巻きや曹操の後宮の方が必死だったようだ。この争いは、曹操の思う通りになかなか動かない儒教的な価値観を持つ豪族層の存在という〝政権内部の問題〟を浮かび上がらせ、その豪族層への揺さぶりの材料とした〝作られた政治闘争〟との見方もある。最終的には、豪族層へのムチ（崔琰《さいえん》の処刑など）も見せつけながら、後継者争いは豪族層の儒教的価値観に配慮し妥協して（この時点での長子である）曹丕に継がせるというアメで、豪族層を懐柔したと見られている。

ただ、曹丕に恨み事を言った妻の甄氏《しんし》を自害に追い込むなど、気に入らないことをしでかした人物（于禁・曹洪の項も参照）への仕打ちは過酷かつ陰険だった。

呉への遠征に水路が凍ったことなどから失敗するなど、父と違って、戦争でことごとく結果を出せなかったことも事実である（『演義』にある劉備没後の蜀漢への五路からの攻撃はなかった）。

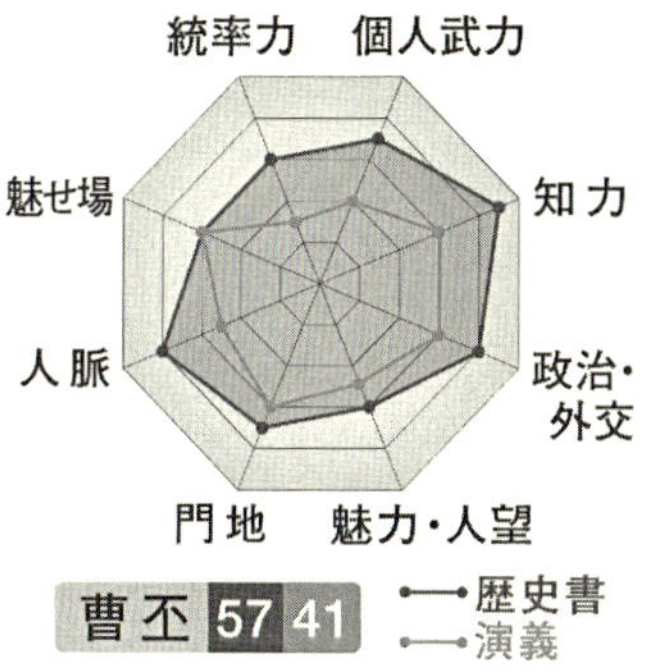

## 曹真《そうしん》（子丹《したん》）

［予州沛国の人？／？〜231年］

【演義】翻弄され続けた「諸葛亮の引き立て役」
【史実】諸葛亮を完封した有能な司令官

### 【演義】翻弄され続けた「諸葛亮の引き立て役」

劉備が呉征伐をしている最中に、魏が攻撃をかける準備をしている場面で初登場し、劉備を破った後の呉を攻撃して敗れている。その後、司馬懿の策である五路からの蜀攻撃で一路を担当するが、趙雲に防がれた。

司馬懿の失脚（この時、曹真は司馬懿を擁護した）後、諸葛亮の北伐が始まると、総司令官となって魏の防衛にあたったが、姜維《きょうい》の偽投降に騙されるなどして連敗。果ては復帰してきた司馬懿と蜀軍の動向で賭けをして敗れ、病となり、諸葛亮からの手紙を読んで激昂して死去した。

『演義』では、諸葛亮と司馬懿の間で右往左往している印象があるが、まったくの無能ではなく、呉と蜀が一度に魏を攻めてきたと知ると、司馬懿に都督の地位を譲ろうとする分別ある人物でもあった。

### 【史実】諸葛亮を完封した有能な司令官

曹操の一族とされるが、否定する史書もある。幼くして孤児となり、曹操に引き取られ、曹丕と起居を共にしている。曹操の時代から蜀方面の戦いで活躍を続け、曹丕の時代には方面司令官に。曹丕の死後は、遺詔で若き曹叡《そうえい》を補佐した。諸葛亮が北伐を開始すると、最初は策に翻弄されたが、街亭《がいてい》に張郃《ちょうこう》を派遣して撃退。さらに第二次北伐では諸葛亮が陳倉を通るルートから来ることを読みきって陳倉の城壁を修築させるなどの対策を実行し、諸葛亮軍を防ぎきっていた。『演義』ではこれらの功績を司馬懿に奪われている。逆に蜀漢への攻撃を計画するが、長雨の影響もあって失敗し、その後病に倒れ死去。

恩賞不足の時に部下に私財を与えたので、人望があった。ふくよかな体型を宴会でからかわれて激怒したという話もあるが、皇帝となった曹丕が若い頃に借財を拒否された恨みを晴らそうとして曹洪を死刑にしようとしたときは「いま曹洪を誅殺すれば、曹洪は私が告げ口したためだと思うでしょ

う」と述べて、結果的に庇おうとしている。（曹洪の項参照）

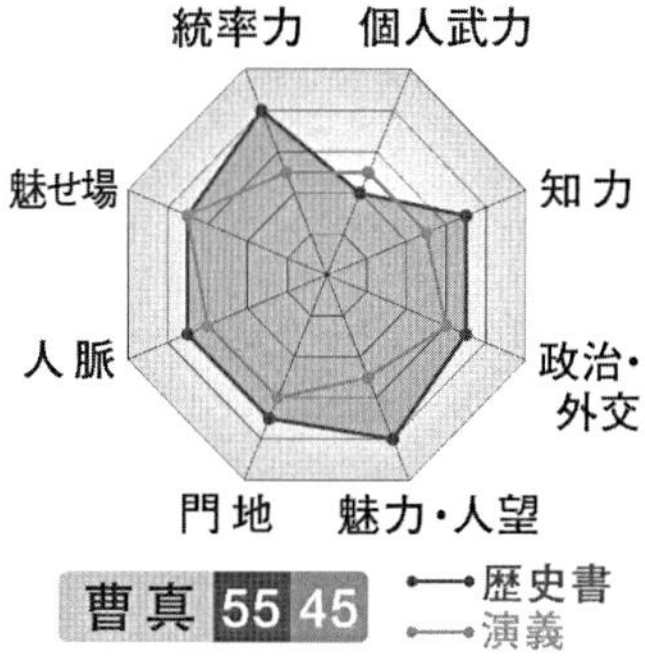

# 司馬懿《しばい》（仲達《ちゅうたつ》）

［司隷校尉部河内郡の人／179〜251年］

【演義】諸葛亮にだけ勝てない「魏の秀才軍師」
【史実】後世の脚色も多く、軍才には疑問符も残る

## 【演義】諸葛亮にだけ勝てない「魏の秀才軍師」

『演義』での司馬懿は、諸葛亮以外の人物と戦うときには抜群に才を発揮するが、諸葛亮の策には振り回される〝諸葛亮のライバル〟である。

荊州から北上する関羽の進撃に曹操は遷都さえも考えるような事態の中で、司馬懿は関羽撃退のために孫権を〝使う〟ことを進言して成功させている。さらに蜀に寝返ろうとした孟達《もうたつ》を急襲して撃破し、加えて街亭《がいてい》で馬謖《ばしょく》を破るなど、諸葛亮以外が相手のときは冴えまくっている。

ただ、諸葛亮が相手となると、途端にダメ。劉備が亡くなったときに蜀を五路（曹真を漢中へ、北西から羌族、南から南蛮、上庸から孟達を延安へ、東から呉）から攻撃することを進言したが、それぞれ諸葛亮の手配により失敗に終わる。また諸葛亮の北伐では、街亭で蜀軍を破って漢中に攻め入るも、諸葛亮の空城の計に騙され撤退するなど、策に嵌《はま》ることが多かった。

しかし局地戦では破れつつも、持久策によって諸葛亮に領土を奪われることなく五丈原で戦病死させたのだから、結局は勝者ということになるだろう。

司馬懿

## 【史実】後世の脚色も多く、軍才には疑問符も残る

名門出身だが、若い頃、曹操からの誘いを仮病で断り、曹操が「捕らえてでも連れてこい」と怒ったので仕えたという、ある意味でとても情けない就活であった（この話は『演義』にはない）。もっとも、司馬懿を晋王朝の初代皇帝と位置付ける歴史書『晋書』宣帝紀では、この仕官話を通して、「司馬懿は、本来、曹操ごときに仕えるような人物ではないのだ」ということを示そうとしていたのかもしれない。

歴史上でも、曹操の漢中遠征の際に蜀を奪うことを曹操に進言したり、関羽が荊州から北上しようとした際にも孫権を〝使って〟関羽に当たらせる策を述べていることもあって、『演義』では早い時期から軍師・司令官として扱われている。しかし、実は実際に将として軍を率いたのは孟達攻めが初めてで、特に重用してくれた曹丕が亡くなるまでは戦場に出ることさえほとんどなく、実は政治家・官僚としての活躍の方が多い。

蜀漢との戦いの後、大将軍から軍事を担う名誉職とされる太尉に転任しているが、これも「お疲れ様」ということで、いうなれば〝官僚人生ゲーム〟のアガリの状態になっていた。諸葛亮の没後、公孫淵討伐や曹爽との政権闘争を経て魏の権力を握っていくが、奪いに行ったというよりは、政治家・官僚として自身と一族が生き残ろうとしているうちに権力が転がりこんできたように見える。

さらに、『演義』では諸葛亮と陣形や戦術などの高度な攻防を繰り広げているが、曹真が亡くなるまでは呉への抑えとして宛に駐在しており、そもそも蜀漢と戦ってすらいない。したがって、諸葛亮の策で焼き殺されそうになったこともない。西暦230年までの諸葛亮の北伐を防いできたのは、結果的には曹真や郭淮らである。231年の北伐の際、司馬懿は兵糧不足などから撤退する諸葛亮を名将・張郃《ちょうこう》に追撃させたが、諸葛亮軍の反撃にあい、木門で戦死させてしまっている。

このように歴史書でも諸葛亮との直接対決では分が悪い司馬懿だが、『演義』でも歴史書でもその他には負けもなく、司令官・将軍としての評価は非常に高いように一見見える。ただ、よくよく見ていくと歴史書の中での司馬懿の相手は、諸葛亮を除くと、公孫淵《こうそんえん》や曹爽《そうそう》などのように実力者とはなかなか言いがたい人物がほとんどで、呉には司馬懿とやりあった人物はいない。つまり、司馬懿の実力を証明するよ

うなライバルは諸葛亮以外にはおらず、実際の力量を把握するのは難しい。このように見ると、皮肉なことではあるが、諸葛亮の司令官としての高い評価がそのまま司馬懿の評価に直結しているのである。したがって、歴史書『三国志』・『晋書』では司馬懿と共に諸葛亮の評価も高くなっていると見られるが、実際のところ、2人とも堅実な司令官としての実力を備えていることは間違いないだろう。

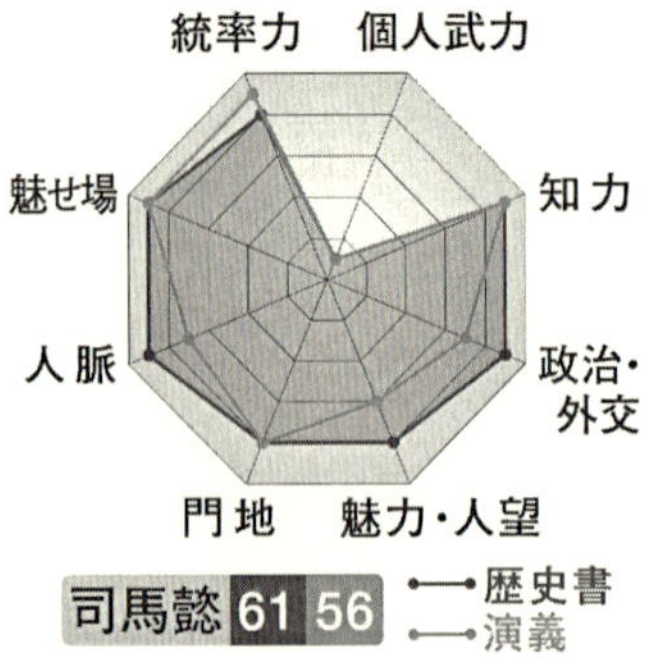

# 蜀の章

# 劉備《りゅうび》（字《あざな》：玄徳《げんとく》）

［幽州涿郡の人／161〜223年］

【演義】周りが助けてくれる〝仁徳の人〟
【史実】一線級の軍才で蜀漢を築いた英雄

## 【演義】周りが助けてくれる〝仁徳の人〟

およそ『演義』での劉備には乱世の英雄にあるまじき姿が目立つ。黄巾の乱で義勇軍として活躍した功績で県尉となるが、視察に来た督郵《とくゆう》（役人の監査官〈『演義』では都から来たように見えなくもないが、歴史上では郡に存在していた官職〉）に賄賂を贈らず、罷免されそうになる。張飛がこの督郵を鞭で打ちすえたため、辞職。各地を放浪するうちに陶謙から譲られて徐州を預かったが、かくまった呂布に乗っ取られる。さらに、荊州で民を連れて曹操から逃げる際には「自分のせいで（民がひどい目にあっている）」などと嘆いて川に投身自殺しようとする。孫権の妹・孫夫人と結婚すると、孫権らの策略によって贅沢で骨抜きにされかけ、あげく荊州に戻るために孫夫人にウソ泣きしてみせる。

人の行動に振り回されまくるわ、裏切られるわ、悲しみで自殺しようとするわ、贅沢に弱いわ、目的のためにウソ泣きするわ、とにかく情けない姿のオンパレードである。

そんな劉備を配下の関羽・張飛・趙雲らの豪傑や「三顧の礼」で迎えた知恵の権化である諸葛亮が力を尽くして支えるのである。劉備もそんな部下たちのためには義理堅く、例えば関羽が処刑されると、仇討ちのために諸葛亮の「天下三分の計」を無視して呉を攻撃している。

このように見ると、『演義』前半の主人公にも見える劉備は、「民のためを考えているが戦に弱く、お人好しで周囲の行動にいろいろと巻き込まれる。本人は何もできず、泣いてばかりだが、関羽・張飛・趙雲らの豪傑や知恵の権化である諸葛亮がなんとかしてくれる〝人望と徳〟を持つ」という人物になっていて、「よくこんな人があの乱世で生き残れたな」という印象がある。

## 【史実】一線級の軍才で蜀漢を築いた英雄

歴史書での劉備は、『演義』同様、中山靖王劉勝《りゅうしょう》（前漢の景帝の第8子、『演義』では第7子）の末裔を自称しているが、同じ景帝の子孫である劉表や劉焉とは違い、その真実味はかなり怪しい。

黄巾の乱の際に義勇兵を率いて功績を挙げたとされるが、具体的なことはわからず、「桃園の誓い」も創作だ。『演義』では督郵を鞭で打ちすえたのは張飛の仕業としてあるが、歴史書では劉備自身がキレてやらかしており、その後も官職に就いては辞める状態を繰り返している。

公孫瓚、陶謙、曹操、袁紹、劉表のもとを転々とするが、行く先々で迎え入れられたのは『演義』とは違い、彼の軍事能力が買われていたからである。この頃までの劉備は、いわば「さすらいの傭兵隊長」であった。敗戦の多さを指摘されることもあるが、劉備には直接支配する領土も兵力も十分でなかったので、彼の能力に問題があったとは一概にいえないだろう。むしろ、退却戦の上手さは天下一品といえる。

赤壁の戦いについて、『三国志』魏書では「曹操は（呉ではなく）劉備と戦った」と書かれている。そのことからも、歴史書『三国志』での劉備は、（呉や袁紹を差し置いて）「曹操の宿命のライバル」という扱いを受けていることがわかる。

『演義』では関羽・張飛や諸葛亮などの武力・知力に頼りきっていたとされているが、実際はむしろ逆で、蜀への遠征や漢中攻略など重要な戦いでは自ら軍を指揮するなど、自身の軍事能力を基盤の一つとしていた。蜀の地を得て、ある程度の兵力を持つようになった漢中侵攻戦では、これまで何度も敗れてきた曹操を見事に破っている。

漢中を征服して漢中王となったのは、漢中の王から天下を統一した前漢の初代皇帝・劉邦《りゅうほう》と自分をだぶらせることが目的の一つであろうが、『演義』にはそのような話はない。
関羽が呉に殺された後、呉を攻めたが、その理由は『演義』にあるような関羽の仇討ちだけではなく、「天下三分の計」に荊州が欠かせなかった（諸葛亮の項参照）ことや、政権内に荊州出身者が多かったことも挙げられる。そのためか、歴史書での諸葛亮は呉への攻撃について意思表示すらしていないのである。

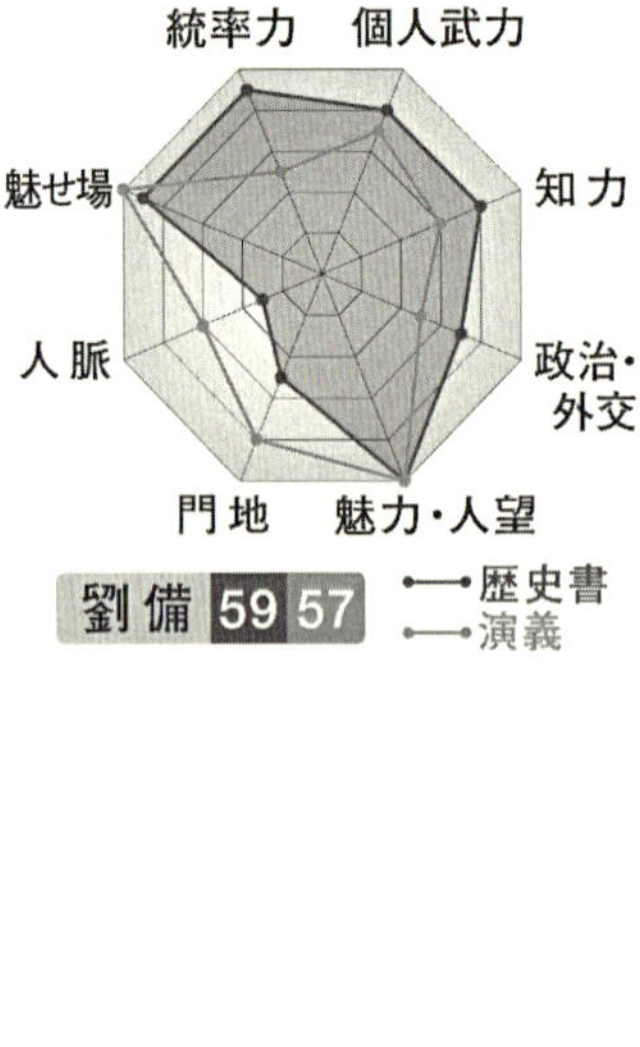

# 関羽《かんう》（雲長《うんちょう》）

［司隷校尉部河東郡の人／?～219年］

【演義】劉備を助けた、事実上の『演義』の主人公
【史実】自尊心が高すぎて、荊州を守れなかった方面司令官

## 【演義】劉備を助けた、事実上の『演義』の主人公

『演義』での関羽は、奇跡的な武力を誇り、義兄・劉備を支え続ける軍神である。董卓軍との戦いでは温められた酒が冷めないうちに華雄《かゆう》を斬り、曹操の客将として顔良《がんりょう》・文醜《ぶんしゅう》をいとも簡単に討ってみせ、その後曹操に別れを告げた上で劉備のもとへ戻る際に5つの関所で6人の武将を斬ってすてるなど、〝武〟の見せ場がてんこ盛りである。

また、敗れた劉備の妻を守って曹操に降伏するときの3つの条件（①あくまでも漢に下ること、②劉備の家族の安全を図ること、③劉備の居所が分かればすぐに戻ること）や、過去の恩情を思い起こして赤壁の戦いで敗れた曹操を見逃すなど、筋を通す義理堅さも〝神〟にふさわしい。

極めつけは、孫権軍の呂蒙に敗れて殺され、孫権から曹操のもとに送られた関羽の首が目を見開いて曹操を睨みつけ、曹操はその関羽の首に拝礼するところである。曹操が劉備配下の一将軍の、しかも首に向かって拝礼するなどという普通では考えられない場面は、『演義』ができた頃にはすでに関羽が神であり、事実上の『演義』の主人公であったことと無関係ではないだろう。

## 【史実】自尊心が高すぎて、荊州を守れなかった方面司令官

歴史書での関羽も、劉備と兄弟のような関係であった。そのような劉備からの信頼があったためか、関羽が荊州を支配していた際には、本来は劉備が持つ外交権も持っていたように見えるほどである。

孫権は息子のために関羽の娘をほしがったが、関羽は使者をどなりつけて拒否し、孫権は立腹していたという話があるが、この時、孫権は関羽の娘を望む旨を君主である劉備に話を持っていったという形跡がない。関羽が独断専行を認められる節鉞を与えられていたからかもしれないが、これでは関羽の支配する荊州が独立勢力として扱われたように思えるのだ（このことから、孫権から持ち込まれたこの結婚話自体が、劉備と関羽を引き離す策で、関羽がそれに乗らなかったとの見解もある）。

武勇に関しては、曹操配下からも猛将として絶賛されていたが、実際の活躍の場面は意外と少なく、せいぜい大軍が見守る中で顔良を斬った程度である。

また、性格は張飛と正反対で同僚以上の立場の人物には厳しく、目下の者には寛容な親分肌の人物であるが、黄忠《こうちゅう》と同列にされるのを嫌がり、新たに劉備に仕えた馬超と張り合おうとするなど、大人気ないほどプライドが高い。

さらに、荊州を任された後で（「天下三分の計」によれば、争ってはいけないはずの）孫権にいろいろと〝喧嘩を売る〟など、戦略眼には疑問符がつき、方面軍司令官としては難があったと言わざるを得ない。

ただ、歴史書にも毒矢が当たってうずいた肘の骨を削る手術を宴会中に平気で受けた（『演義』では華佗《かだ》が手術したとあるが、歴史書には記載がない）とか、敵が放った矢が額に命中したが、それによる関羽のダメージが歴史書に書かれていないことからすると、歴史上の関羽も神とまでは言わないにしても充分〝怪物〟である。

関羽は、塩の生産ではるか殷の時代から解池の出身であり、彼は罪を犯して郷里を出ていることから、関羽が塩の密売人であったのではないかとする説がある。さらに、解県を含む山西商人が〝おらが土地のスーパーヒーロー〟を守護神として祀るようになり、山西商人が有力となった後、各地の拠点で関帝廟をつくったこともあって、現在でも商売などの神様となっている。

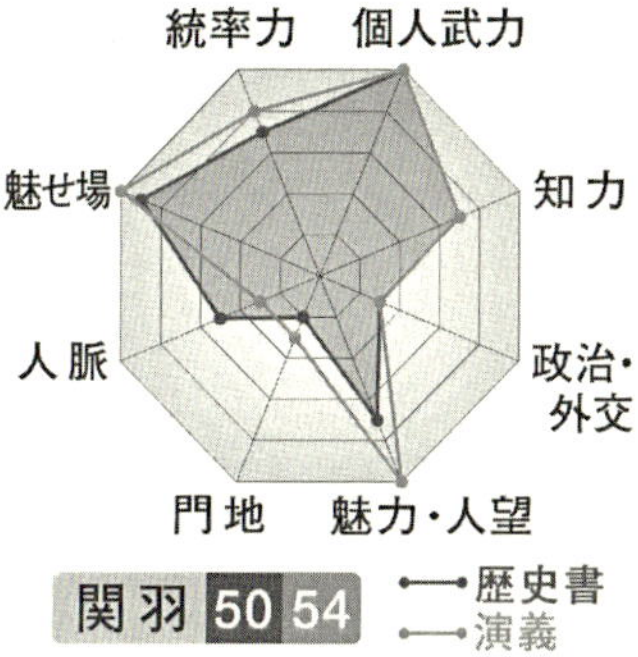

関羽（左）と張飛（右）

# 張飛《ちょうひ》（益徳《えきとく》（翼徳《よくとく》））

［幽州涿郡の人／？〜221年］

【演義】豪快で愛嬌豊かなトリックスター
【史実】士大夫に媚びて、部下に厳しい嫌な奴

## 【演義】豪快で愛嬌豊かなトリックスター

『三国志演義』では、馬超などと渡り合った武勇だけでなく、大きな目玉と虎髭、蛇矛、雷のような大声に馬のような勢いという印象的な特徴を持った主役級の人物。劉備・関羽とともに桃園の誓いを結び、義兄弟として劉備を支えた。

劉備に賄賂を要求した督郵を鞭でシバき倒したり、長坂坡の戦いで追いかけてくる曹操軍を橋の上で、しかも一騎で待ち受け、どなりつけて追い返したりといったすさまじいエピソードがあるかと思えば、酒の飲み過ぎで劉備から預かった城を呂布に奪われるなど、とにかく成功も失敗も爽快なまでに豪快。

年齢を重ねてくると、冷静に考えられた作戦で厳顔《げんがん》を降伏させたり、張郃《ちょうこう》を破ったりするなど単なる豪快な人物ではないことも示したが、関羽が孫権に殺された後、その弔い合戦にあたる孫権攻撃の準備中、手際の悪い部下の張達《ちょうたつ》・范彊《はんきょう》を鞭で打ったことから怨まれ、暗殺された。

## 【史実】士大夫に媚びて、部下に厳しい嫌な奴

歴史書でも厳顔を降伏させ、張郃を破るなど能力もあり、魏の程昱《ていいく》から「1人で1万人の兵士に匹敵する猛将」と評されるなど、関羽に次ぐ武勇の持ち主。

ただ、長坂では一喝した場所は橋の上ではなく「橋を落と

した後の対岸」であったり、馬超との一騎討ちもなかったりする。大酒飲みだったかどうかも不明。呂布に城を奪われたときも酒を飲んでいたわけではなく、加えて徐州を狙う袁術が呂布をそそのかしたことを踏まえておかなければならないだろう。さらに、桃園の誓いの記述も歴史書にないが、劉備・関羽と兄弟のような関係であったことは間違いない。

また『三国志』夏侯淵傳附夏侯覇傳裴松之注所引『魏略』によると、２００年に夏侯氏の本籍地である沛国で薪木を取りに来ていた夏侯覇の10代前半の従妹を妻としたとされている（捕えて妻にしたか、ふつうに知り合って妻にしたのかは記述からははっきりしない）。さらに張飛とその夏侯氏の娘との間に生まれた娘は劉備の子の劉禅に嫁いだとされており、それによれば蜀漢と曹魏の帝室は遠い親戚ということになる。しかし、西暦２００年といえば官渡の戦いの年であり、この時の張飛は歴史書ではおそらく単独行動をせず、曹操の拠点の許をかく乱したのち、汝南で自立する劉備とともに行動していたと思われる。その張飛が曹氏・夏侯氏の拠点の一つである本籍地の沛国にわざわざ赴いたとは思えない。さらに『魏略』は裴松之からも信頼性が疑われる史書で、取り扱いには注意が必要なことも踏まえると、にわかには信じがたい話である。

地元ではおそらくそれなりの豪族であったとみられる張飛であったが、目上の士大夫である劉巴《りゅうは》と親しくしようとした際に、「軍人ごときと語り合えるか」と拒否されるという悲しい扱いを受けているように、士大夫からはまともに扱われていなかった。そのコンプレックスからか、目上の者を敬愛し、目下の者には冷たく接していた一面を持っていた。毎日部下を鞭で叩いており、劉備に注意されても変わらなかったことが暗殺された原因の一つ。「上にゴマすり、下にキビしい」なんて、まるでどこかの中間管理職のようで、寂しい限りである。

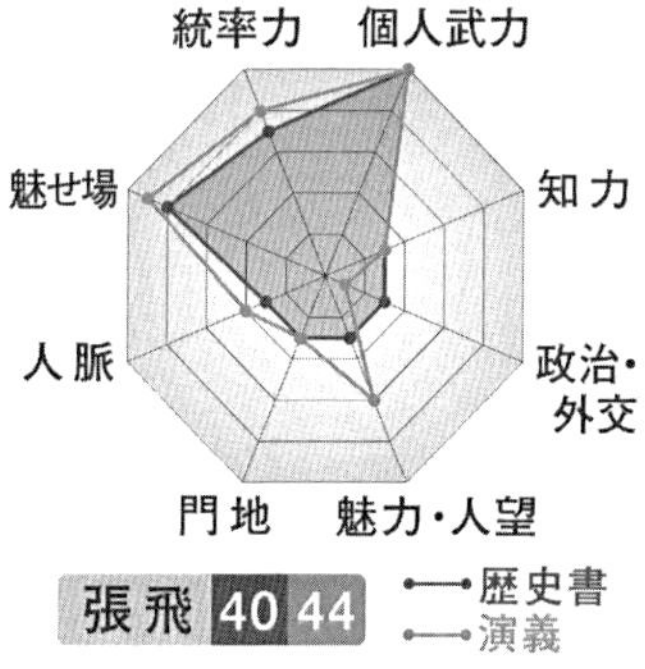

# 糜竺《びじく》（子仲《しちゅう》）

［徐州東海郡の人／？～221年］（※『演義』では麋竺《びじく》）

【演義】温厚で、外交を担当した「印象が薄い人」
【史実】私財を投げ打って　裸の劉備を支えた資産家

## 【演義】温厚で、外交を担当した「印象が薄い人」

曹操の攻撃を受けた陶謙《とうけん》から救援を求める使者として孔融のもとに送られたが、ちょうどそのとき、黄巾の残党に囲まれた孔融《こうゆう》を救援した劉備と出会った。

その後、陶謙から徐州を譲り受けた劉備に仕える。徐州をめぐる呂布・曹操の争いの中、妹を劉備に嫁がせ、劉備の補佐役や使者として活躍。曹操軍に追撃された当陽では敵に捕らえられてしまうが、趙雲に救出された。

赤壁の戦い以降は荊州にいたが、登場することが減り、皇帝に即位するよう劉備を説得する際、臣下の一人として平伏したのが最後の登場場面である。

## ＝【史実】私財を投げ打って　裸の劉備を支えた資産家

歴史書での糜竺は、先祖からの財産もあり、万を越える使用人を有していたとんでもない資産家であるが、彼が豪商であったことを思わせることは書かれていない（『演義』では、麋竺は代々の「富豪」で、洛陽に商売に赴いていたという記述がある）。

袁術と結んだ呂布によって本拠地の下邳《かひ》が奪われた際、糜竺は妹を劉備の妻に薦めただけでなく、使用人2000人と金銀を提供し、これによって劉備は盛り返すことができた。

また、劉備が曹操のもとに行くと、曹操は糜竺と糜芳に注目し、郡の太守や国の相（長官）としたが、劉備が曹操から離れると、彼らもまた付き従って放浪した。

糜竺は妹を嫁がせることで劉備と本当に「義理の兄弟」になっているが、本人同士も公孫瓚と商人などとのように〝義兄弟〟といった関係にあったのであろうか（ある意味で劉備と簡雍《かんよう》、〝資産家との関係〟という部分を重視すれば曹操と衛茲《えいじ》、公孫瓚《こうそんさん》と李移子《りいし》・楽何当《がくかとう》の関係にも似ているが、孫堅・袁紹らにはこのような関係の人物はいない）。いずれにせよ、こうした話は『演義』にはない。

劉備が益州を得た際、諸葛亮より上の地位にいたが、温厚・誠実で弓や馬は得意だったものの、人を率いるのが不得手であったため、軍は指揮しなかった。弟の麋芳が裏切った際に、責任を感じ自らを縄で縛って出頭する。劉備から連座する必要はないといわれたが、その後病気となり、1年ほどで亡くなった。

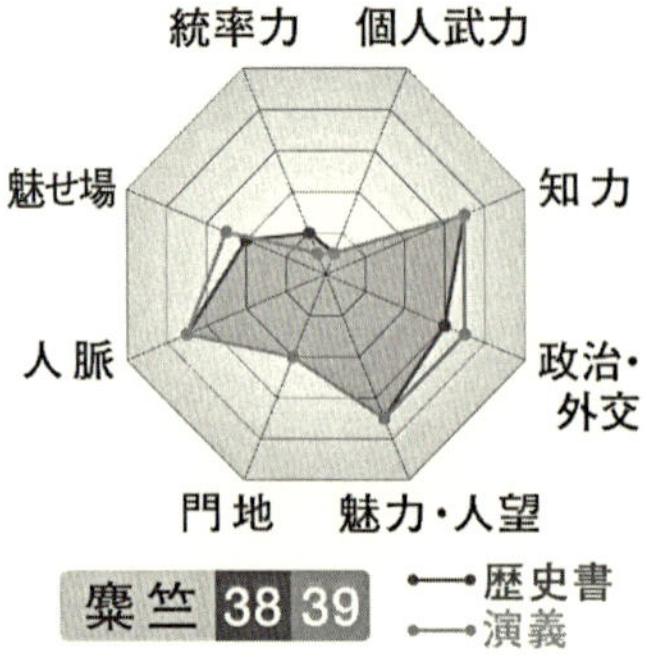

# 馬超《ばちょう》（孟起《もうき》）

［涼州司隷校尉部扶風の人／176～222年］

【演義】父を殺され曹操を追い詰めた猛将
【史実】反逆を繰り返し身内全滅。劉備陣営では活躍なし

## 【演義】父を殺され曹操を追い詰めた猛将

馬騰の長子で、『演義』では馬騰が李傕・郭汜と戦った際に17歳で初登場。

後年、曹操暗殺の策をめぐらした漢の忠臣・馬騰《ばとう》が曹操に殺された後、劉備・諸葛亮から同盟と曹操攻撃の提案を受け、父の仇を討つため韓遂らとともに挙兵。もう一歩のところまで曹操を追い詰めるが、賈詡《かく》の「離間の計」によって韓遂と仲違いさせられ、最終的に敗北する。

その後も涼州で戦い続けるが失敗を続け、張魯《ちょうろ》のもとに逃げ込む。その後、張魯から劉璋《りゅうしょう》への援軍として派遣されるが、諸葛亮が張魯と馬超を仲違いさせるように仕向けたこともあり、李恢《りかい》の説得で劉備に降伏。

その後は劉備配下の猛将として、漢中攻略や劉備没後の魏の五路からの攻撃の一つであった羌《きょう》族への抑えとして活躍する。だが、諸葛亮が南蛮征伐から戻るまでの間に病死したと思われるが明確な記述はなく、北伐に向かう途中の諸葛亮が馬超の墓で祭祀を行う場面があるのみで、少々寂しい退場である。

## 【史実】反逆を繰り返し身内全滅。劉備陣営では活躍なし

歴史書では、父の馬騰に派遣されて曹操軍による袁家の高幹《こうかん》らの討伐を援助してもいる。

『演義』では、曹操に馬騰を殺された仇を討つために挙兵するが、実際には韓遂らと共に挙兵したことによって、宮門警備を掌る衛尉として都で仕えていた馬騰はじめ一族が殺されており、父の仇は自分自身でもあった。また、『演義』にある許褚との一騎討ちや韓遂の左腕を斬り落とす話、さらに張飛との一騎討ちも歴史書にはない。

潼関で曹操に敗れたあとも、涼州で蜂起している。そこでも曹操配下の楊阜《ようふ》などに破れ、再び一族の多くを処刑されて失い、失意のなか張魯のもとに逃げ込んでいる。

劉璋の降伏後、劉備政権の重臣となったが、『演義』とは異なり、彭☒の愚痴とも叛意ともとれるような妄言を密告したぐらいで大した活躍もできなかった。これは、馬超と関係の深い羌族と連携した〝北伐〟を行なう前に彼自身が亡くなってしまったことに加え、韓遂や張魯などと〝仲違い〟してきた彼の人生遍歴や、劉備らにとって〝両刃の剣〟になり得る勇猛さゆえに警戒されていたことも理由であろう。

最終的に従兄弟の馬岱《ばたい》や子の馬承《ばしょう》以外の身内をほぼ失い、47歳で死去。

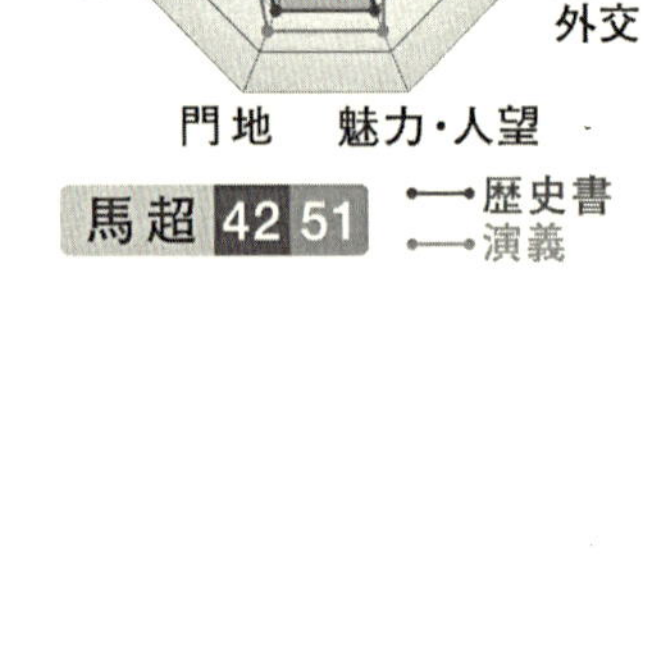

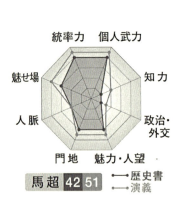

# 趙雲《ちょううん》（子龍《しりゅう》）

［冀州常山郡の人／?～229年］

【演義】関羽・張飛に次ぐ知勇兼備の将軍
【史実】将軍というより、劉備の〝護衛隊長〟

## 【演義】関羽・張飛に次ぐ知勇兼備の将軍

冀州《きしゅう》出身であったが袁紹《えんしょう》側につかず、公孫瓚《こうそんさん》に仕えて袁紹の武将・麹義《きくぎ》を討ち取ったのが初登場場面である。このとき、劉備に仕えたいと志願したが、公孫瓚に義理立てする劉備に断られる。

その後陶謙《とうけん》の下へ援軍として送られたが、またも劉備に仕えることはできず、最終的に公孫瓚が滅ぼされた後に放浪していたところ、袁紹のもとから荊州への使いとなって逃げ出した劉備と再会、ようやく仕えることになる。

長坂では幼い劉禅を抱き、一騎で曹操軍の中を駆け抜けて救出。また、漢中では曹操軍の兵糧を奪いに行った黄忠《こうちゅう》を救援し、「空城の計」で敵を追い払って、劉備から「子龍の一身はみな胆だ（子龍は度胸の塊だ）」などと豪胆さを称賛された。

老いてからも南蛮征伐や北伐で活躍し、病死している。

## 【史実】将軍というより、劉備の〝護衛隊長〟

最初公孫瓚に仕え、公孫瓚が配下の田楷《でんかい》を救援するために劉備を派遣した際に随行し、そのまま劉備に仕えており、『演義』とは少し経緯が異なっている。

長坂で幼い劉禅を抱いて救出したことは史書にも記述があるが、実際は夫人も一緒に救出している。益州攻撃の際、諸葛亮とともに出撃し、江陽を落として貢献。第一次北伐の際は、囮として斜谷《やこく》に進出して魏軍に敗れた。

　陳寿『三国志』の本文によると、記述は以上のようなものぐらいしかない。『趙雲別伝』に趙雲の活躍の記述が多いが、これには趙雲の一族のものが関与したと思われる。孫夫人が劉禅を連れて呉に帰ろうとしたのを趙雲が取り返した話など、『趙雲別伝』での活躍譚が『演義』にも多く採用され、趙雲が有名になっていったのである。

　趙雲はもともと劉備の〝護衛隊長〟というべき立場にあり、司令官・将軍として評価されていたわけではなかったため、出世はなかなかできなかったようである。おそらくは劉備を護衛する責任から解放されたためか、諸葛亮が政権を握るようになってからの方が、将軍としての活躍が見られる。

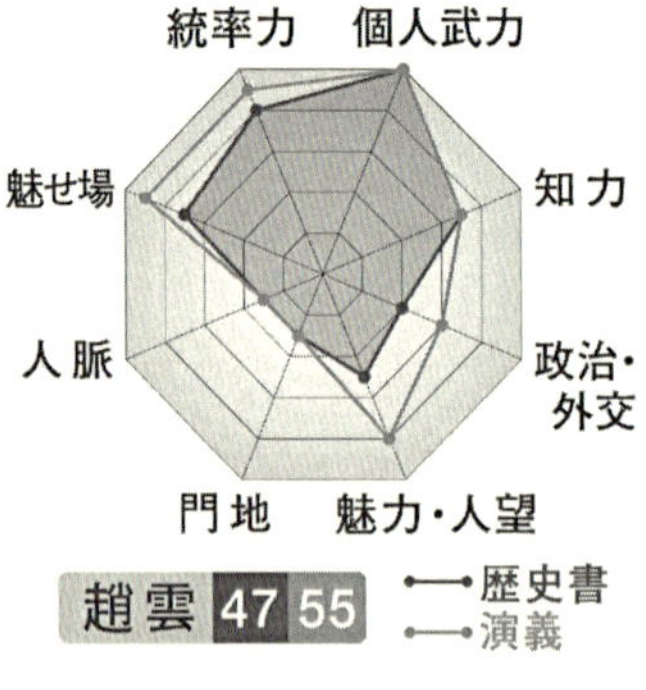

# 諸葛亮《しょかつりょう》（孔明《こうめい》）

［徐州瑯邪《ろうや》郡の人／181～234年］

【演義】ほぼマジシャン状態の天才軍師
【史実】司令官としても十分優秀、劉備後の蜀漢を独裁で支える

## 【演義】ほぼマジシャン状態の天才軍師

『演義』では、曹操のもとに去ろうとする友人の徐庶《じょしょ》が劉備に彼を推薦するところで初登場する。劉備から三顧の礼を受けて仕える際に、まず荊州・益州をおさえて内政を整え、次に西方および南方の異民族を手なずけて、さらに呉の孫権と友好関係を結び、天下に異変があれば荊州・益州の2方面から北伐を行なうという「天下三分の計」を説いた。

軍師としての初陣となる博望坡《はくぼうは》の戦いでは夏侯惇《かこうとん》らを撃破。赤壁の戦いの際には、諸葛亮を警戒する周瑜《しゅうゆ》からの策略をかわしながら10万本の矢を集め、火計に必要だった東南の風を祈りで吹かせるなど勝利に貢献。さらに荊州南部の占領や龐統《ほうとう》戦死後の益州征服、漢中の奪取をさまざまな計略で実現させる。

関羽の没後、孫呉征伐に出陣する劉備を止めることはできなかったが、劉備敗北後の陸遜《りくそん》の追撃を魚腹浦《ぎょふくほ》に敷いておいた「八陣図」で食い止めた。このような『演義』での策略の数々を見ると、諸葛亮はほとんどマジシャンである。

死を目前にした劉備から「劉禅に才がなければ、国を奪うように」と遺言されたが、終生劉禅を支えた。その後、司令官として南蛮征伐や魏への北伐で火計や「空城の計」、「縮地の法」などの策略の冴えを見せるが、五丈原で戦病死。

## 【史実】司令官としても十分優秀、劉備後の蜀漢を独裁で支える

諸葛亮の先祖は前漢時代に司隷校尉となった諸葛豊であり、諸葛氏は地方の名門であった。『演義』では諸葛亮が戦乱を避けて徐州から荊州へ移住したのが、曹操の徐州虐殺と同時期であったことは触れられていない。荊州に落ち着いた後、『演義』でも三顧の礼の際に「天下三分の計」を説くが、その内容はほぼ歴史書通りである。ただ、歴史書では最初に劉備と会ったとき、2人きりだったとされることから、三顧の礼の時点で述べたかどうかはわからない。

諸葛亮が曹操でなく劉備を選んだ理由については、故郷の徐州で虐殺をした曹操を許せなかったことや、本当の〝漢王朝〟の天下の復興を目指したこと、もしくは曹操のもとよりも劉備に仕えた方が「自己実現」ができると考えたことなどが考えられる。ただ、歴史書からははっきりとはわからず、推測するにしても一言では語りつくせないだろう。

『演義』ではさまざまな策略を講じる諸葛亮だが、歴史書によると、劉備存命中には戦術（具体的な戦場での作戦面）に口を出していない。劉備陣営の戦術は劉備本人、のちには龐統《ほうとう》や法正、劉巴《りゅうは》らが考えていたものと思われる。このことを踏まえると、諸葛亮は一般的な意味での〝軍師〟ではなく、劉備陣営の基本戦略を示しつつ、その実現のために外交や内政、後方支援を行なった政治家であり、『演義』にある初陣の博望坡での作戦や周瑜の無理難題から10万本の矢を集める話、赤壁の戦いで風を祈る話などは歴史書にはない。

加えて、劉備の没後の呉との関係修復や、内政の整備、武器開発（連弩を改良した〝元戎〟など）も行なった政治家としての奇跡的力量について、『演義』ではあまり触れられていない。

さらに、事実上の司令官としての初陣だった南征についても、後顧の憂いを断ち、通商路である西南シルク・ロードをおさえて資源を得る目的があったことは、『演義』にはない。

加えて、歴史書での北伐戦略が、魏を倒すために長安から西域に至るシルク・ロードを途中で遮断し、涼州をおさえてから長安を目指していたことも『演義』では触れられない。逆に『演義』にある「空城の計」や「縮地の法」、寿命を延ばす祈りを行ない魏延に邪魔されて失敗する話などは当然歴史書にはない。

そういった魔術的な策略がほぼ創作だったとしても、街亭

の戦いで敗れるまでの第一次北伐などで魏をおおいに苦しめ、堅実な采配による戦術的敗北は陳倉城攻撃以外にない。司令官としてもかなりの強さを持っていたといってよく、〝天才的〟とまでは言えないにせよ高く評価できる。また、現代で言うところの〝戦略〟と〝戦術〟を踏まえた戦いをしていた点でも、諸葛亮は、同時代の他の司令官とは簡単に比較できない存在だったといえる。

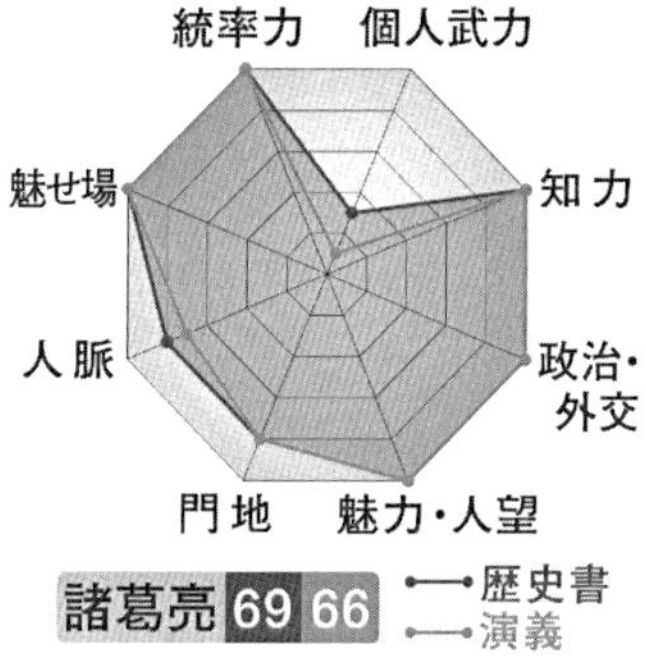

# 劉禅《りゅうぜん》（公嗣《こうし》）

［207〜271年］

【演義】蜀を滅亡に導いた〝暗愚〟の2代目
【史実】なんだかんだ30年も弱小国を保持

## 【演義】蜀を滅亡に導いた〝暗愚〟の2代目

劉備の子で、蜀の2代皇帝。母親が北斗七星を飲み込む夢を見たことからつけられた幼名の阿斗は、現代では「役立たず」の意味を持つ。赤ん坊の頃、長坂で趙雲に抱かれて敵中から救出された。また、孫権の妹の孫夫人が、劉禅を連れて呉へ帰ろうとした際も、趙雲によって奪還されている。

17歳で皇帝となり、張飛の娘を皇后に迎えたが、政治は諸葛亮に任せきり。しかも酒に溺れやすく、北伐中の諸葛亮（や後の姜維）を疑って呼び戻すなど、足を引っ張りまくる始末。

諸葛亮や彼が残した臣下（蔣琬《しょうえん》・董允《とういん》・費禕《ひい》など）の没後、宦官の黄皓《こうこう》に惑わされ、姜維の進言も無視して防衛体制を整えなくなり、魏に攻め込まれて降伏した。

洛陽に連れていかれた後の宴会で、司馬昭《しばしょう》から「蜀を思い出されるでしょう」と聞かれても「ここが楽しいから、思い出すこともない」と答えたりして、魏の人々を呆れさせている。

## なんだかんだ30年も弱小国を保持

幼い頃、長坂で趙雲に抱かれて救われた話は歴史書『三国志』にも記述がある。

皇帝になった後は、確かにほぼ独裁的な権限を持っていた諸葛亮や蔣琬に政治・軍事を任せていた。蜀漢の高官になる人物は、劉備と共に荊州からやってきた人物が多く、地元の益州の人々との対立が起きかねなかったが、諸葛亮と蔣琬は益州の人々に配慮しながら対立が起きないように努力を重ねた。

ただ、劉禅は諸葛亮が亡くなった際に、「陛下の地位を狙うものがいなくなり、喜ばしいことです」と言った人物を処刑しており、実質的権限や判断力がまるでなかったわけではない。しかも、蔣琬の没後は自ら親政したという記述もあり、少なくとも結果的には**30**年以上の長きにわたって蜀漢を保持している。

降伏後の「洛陽が楽しくて、蜀を思い出すことはない」という発言は『漢晋春秋』にもあるが、野心を警戒されないための保身術かもしれないうえに、この記述自体の信ぴょう性もよくわからない。

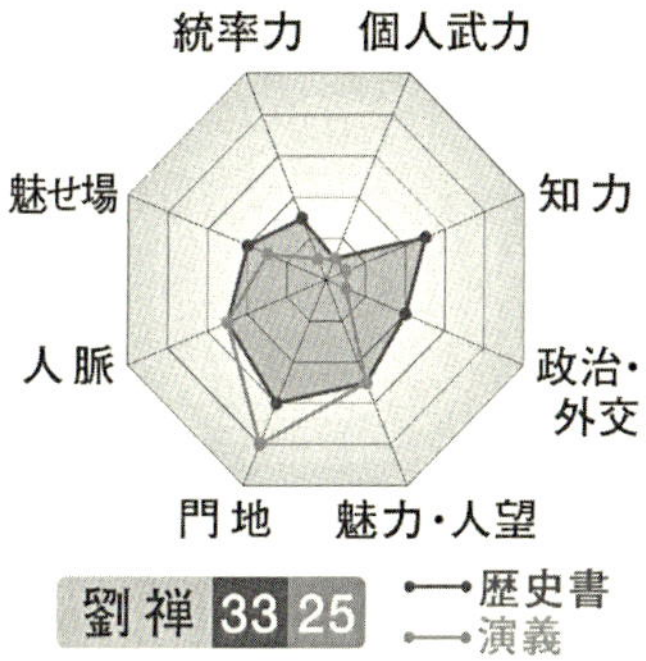

長坂にて趙雲に救出される劉禅

# 劉封《りゅうほう》（?）・孟達《もうたつ》（子度《しど》）

［（劉封）荊州長沙郡の人／?～220年・（孟達）涼州扶風郡の人／?～228年］

【演義】関羽を嫌っていた（?）劉封
　　　関羽を見殺しにさせた計算高い孟達
【史実】劉家の都合に翻弄された劉封
　　　裏切りが〝脚色〟されている孟達

## 【演義】関羽を嫌っていた（?）劉封／関羽を見殺しにさせた計算高い孟達

劉封はもともと寇《こう》氏の子で、長沙の劉氏の甥。劉禅が生まれた後ではあったが、劉備は彼の器量を認め、関羽の反対を押し切って養子とした(後に劉封が関羽を見殺しにすることへの伏線とされる)。

一方、孟達は張松《ちょうしょう》が劉備を益州に迎え入れる際に、仲間の法正《ほうせい》とともに初登場する。彼は劉璋の使者として劉備を迎え入れ、そのまま劉備に仕えた。その後、劉封・王平《おうへい》らとともに上庸などを平定。

関羽が呂蒙に敗れて麦城《ばくじょう》に逃げ込んだ際には、劉封・孟達に廖化《りょうか》が救援を要請した。劉封は叔父・関羽を救おうとするが、孟達は劉封に「関羽が劉封を甥と思っていない」と述べる。さらに「占領したばかりの上庸《じょうよう》が不安定だ」との言い訳を劉封に言わせて援軍を送らなかったため、関羽は敗死。

その経緯を廖化が劉備に述べると、劉備が二人の責任を追及しようとしたため、孟達と仲が良かった彭⊠（ほうよう）がそれを孟達に手紙で伝えようとした。しかし、手紙を持った使者が馬超に捕まり、その馬超の密告で彭⊠が処刑されると、孟達は魏に降伏。劉封も一緒に魏に降伏することを勧められたが拒否し、孟達と戦って敗れ、成都に戻ると処刑された。

その後孟達は、魏が五路から蜀を攻めようとした際の一路となったが、親しかった李厳《りげん》からの手紙で動かなかった。

曹丕に寵愛された孟達も、曹丕が亡くなると不安になり、諸葛亮の北伐が始まってから、李厳に手紙を送って蜀に寝返ると伝える。しかし裏切りが司馬懿にばれ、急襲されて殺害された。

## 【史実】劉家の都合に翻弄された劉封／裏切りが〝脚色〟されている孟達

劉封が養子であったことは歴史書にも記載があるが、養子となった理由は、荊州に入った頃の劉備に後継ぎがいなかったためであり、『演義』とは異なる。

劉備が蜀に入ると、劉封は諸葛亮らとともに出撃し活躍。ただ、曹彰《そうしょう》と一騎討ちして敗れたという話は歴史書にはない。

孟達は196年頃、飢饉を避けて法正とともに蜀に入り劉璋に仕え、歴史書でも劉璋の使者として劉備を迎え入れ、そのまま劉備に仕えたことになっている。219年には曹操側の土地であった房陵《ぼうりょう》・上庸を攻撃し、援軍の劉封とともに攻め落とした。ちなみに、父の孟佗《もうだ》は後漢の宦官・張譲《ちょうじょう》に蒲陶酒（ワイン）を送り、涼州の刺史（長官）にしてもらったという話もある。

関羽が曹仁の籠もる樊城や襄陽を囲んでいるときから、何度も援軍を要請されてはいた。その後、関羽が劉封・孟達から援軍を得られずに敗死し、劉備に怨まれた孟達が曹丕に降り、劉封がその孟達に敗れ、成都に戻って劉備から自殺させられたという話は歴史書にも記載されている。ただ、劉封が関羽への援軍を出さなかったのは、占領したばかりの上庸が本当に不安定だったためで、これは単なる言い訳ではない。

また劉封と孟達の間も上手くいっておらず、荊州陥落後、劉封は孟達の軍の一部（軍楽をつかさどる鼓吹とよばれる部隊）を接収している。そういった状況を考えれば、孟達が保身のために魏に出奔しようと考えるに至ったことも理解できないわけではないだろう。

劉封の処刑前に諸葛亮が「勇猛な劉封は貴方が亡くなった後には制御できなくなる」と劉備に進言していたことも『演義』にはない。また、彭⊠の処刑は劉備が蜀を征服した直後のことで、孟達が魏に降伏したこととは全く関係がない。

曹丕には重用された孟達が、魏の将軍・官僚から警戒され、曹丕の死後、諸葛亮の誘いを受けて再び蜀漢につこうとした際に、司馬懿に急襲されて殺された話は歴史書にもあるが、司馬懿に殺されたのが諸葛亮の〝北伐出撃前〟である点は『演義』とは異なる。

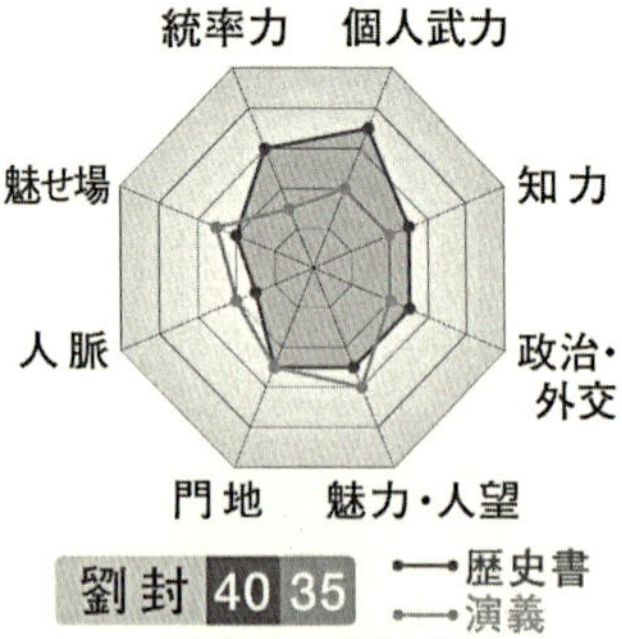
統率力
個人武力
知力
政治・外交
魅力・人望
門地
人脈
魅せ場
劉封 40 35
歴史書
演義

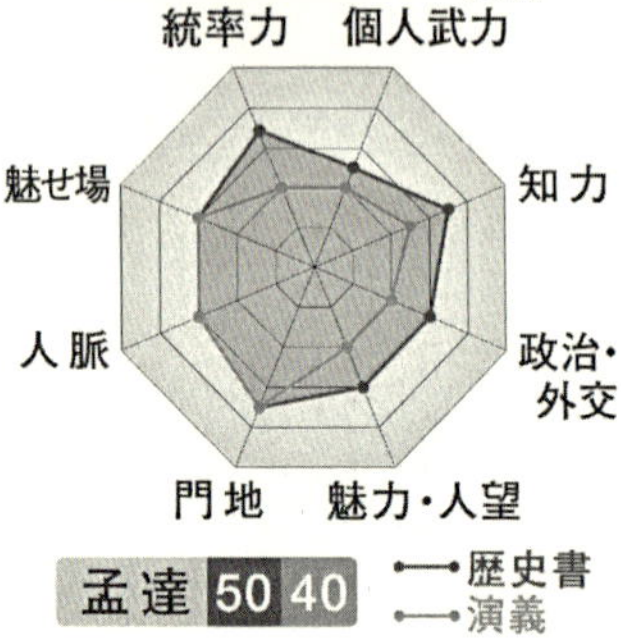
統率力
個人武力
知力
政治・外交
魅力・人望
門地
人脈
魅せ場
孟達 50 40
歴史書
演義

# 糜芳《びほう》（正方《せいほう》）・士仁《しじん》（君義《くんぎ》）

［（糜芳）徐州東海郡の人・（士仁）幽州広陽郡の人］（※『演義』では糜芳）

【演義】荊州を明け渡し、再度蜀に下って殺された
【史実】関羽を怖がり反目、その後も呉で存命

## 【演義】荊州を明け渡し、再度蜀に下って殺された

『演義』での糜芳は、トンデモなことをしでかす人物である。例えば、長坂で劉備の妻子を探しに行った趙雲のことを、早合点して「曹操に降った」と劉備に伝えている。

また、219年の魏の樊城《はんじょう》攻撃で士仁（または傅士仁《ふしじん》）とともに先鋒を命じられた際に、自陣内で火事を起こしている。怒った関羽は二人を棒叩きの刑にした上で後方の守備に回したが、これを二人は逆恨みし、呂蒙《りょもう》が進撃してくるとあっさり降伏した。

その後、呉に降伏したのを後悔して、関羽を捕らえた呉の馬忠《ばちゅう》を二人で殺し、その首を手土産に劉備に許しを請うが許されるわけもなく、結局二人とも劉備自らの手で斬り殺された。

## 【史実】関羽を怖がり反目、その後も呉で存命

歴史書を見ると、この二人は「太守に任命されるほどの能力はあるが、とにかく関羽が怖かっただけの“小市民”」のように見える。

糜芳は兄の糜竺とともに劉備が徐州を治めていた頃から仕えた古参メンバーだが、荊州を統治していた士仁とともに関羽から軽視されていると考え、関羽を嫌っていた。彼らは樊城を攻撃する関羽に全面的な支援をせず、関羽から「帰ったら、こいつらを始末しなければ」と叱られて怖がっていた。また、糜芳は火事を起こし、関羽に咎められてびくびくしていたという話もある（先鋒ではないなど、『演義』とは異なる部分もある）。

ただ、彼らが守っていた場所（『演義』のように火事が原因で移されたわけではなく、もともとの任地であった）は〝後方〟ではなく、呉との〝最前線〟であり、関羽への全面的な支援が難しかった可能性もあり、同情すべき点はある。

そんな二人に孫権が誘いをかけ、いざ呂蒙が荊州に進撃すると二人は降伏。この際、呉の側の記録によると、糜芳は最初籠城しようとしたとされ、蜀漢側の記録とは異なる。

その後、二人は呉に仕えており、劉備に殺されてはいない。士仁については出自も含めて記録がなく、糜芳は賀斉《がせい》（呉の臣下）の配下として反乱軍討伐に出撃した記録がある。

しかし肩身の狭い思いをすることも多かったようで、降伏者を嫌う虞翻《ぐほん》（同じく呉の家臣）は、船ですれ違ったときや偶然軍営の前を通りかかったときに、降伏したことをネタに糜芳を気の毒なほどネチネチやり込め、そのたびに糜芳は虞翻に遠慮していたという。

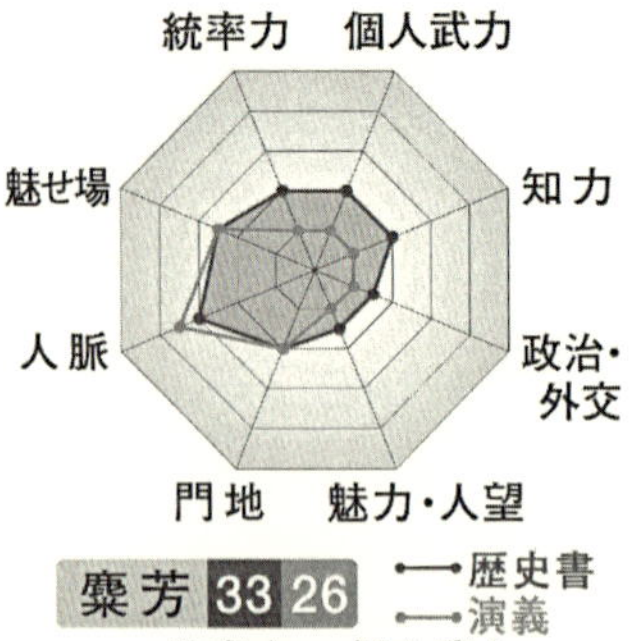

# 孟獲《もうかく》（?）

［益州益州郡（蜀漢の建寧郡）の人／?～?年］

【演義】「七縦七擒《しちしょうしちきん》」で諸葛亮に心服した南蛮王
【史実】降伏後に出世した〝漢人〟豪族？

## 【演義】「七縦七擒《しちしょうしちきん》」で諸葛亮に心服した南蛮王

劉備の没後、魏の曹丕が司馬懿の策で五路からの蜀攻撃を計画した際、その一つとして挙げられたところで初めて登場する蛮王。このときの孟獲の攻撃は結局魏延に防がれている。

劉禅が蜀を継ぎ、諸葛亮の統治が安定したころ、南蛮から孟獲が再び侵入。それに呼応して蜀の臣下だった雍闓《ようがい》（『演義』では益州の有力者で、建寧太守）が太守を殺害して謀反を起こすと、朱褒《しゅほう》・高定《こうてい》も従った。諸葛亮は（わざわざ諸葛亮自ら遠征する必要はないとの）周囲の反対を押し切って出陣することを決意。計略で高定を裏切らせて、残った雍闓・朱褒を殺害すると、孟獲は南蛮の奥地に逃げ込んだ。

馬謖から「心を攻める」との進言を受けた諸葛亮は、孟獲を7度捕虜にして7度釈放するという「七縦七擒」を行なった。孟獲は心服し、南蛮は二度と背かなかったとされる。

## 【史実】降伏後に出世した〝漢人〟豪族？

『演義』には記載がないが、益州南部の異民族には長い間の圧政の記憶もあり、劉備の死後すぐに起きた雍闓（歴史書では益州郡（225年に建寧郡に改名）出身の有力者とされる）の反乱をきっかけに朱褒・高定も挙兵していた。その後、裏切った高定の部下に雍闓が殺され、孟獲が反乱軍の指導者になったとされる。

その後、諸葛亮・馬忠《ばちゅう》・李恢《りかい》らの攻撃を受けて孟獲は降伏（ちなみに、この戦いは諸葛亮の総司令官としての初陣であり、馬忠・李恢らの別働隊とともに攻撃した）。「七縦七擒」については、歴史書『三国志』本文によれば史実とは考えにくいが、上記の『漢晋春秋』や『華陽国志』には記述がある（ただし、具体的な話はない）。

歴史書によると、そもそも孟獲は『演義』に書かれているような蛮王ではなく、非漢人かどうかもわからない。最終的には蜀漢の高官にまで出世したことから、漢人ではないかという見解もある。

また、蜀漢政権はその後もさまざまな物資を徴発したためか、南方の反乱はなくならず、諸葛亮の存命中にも再発している（このときに孟獲が南方にいたかどうかはわからない）。

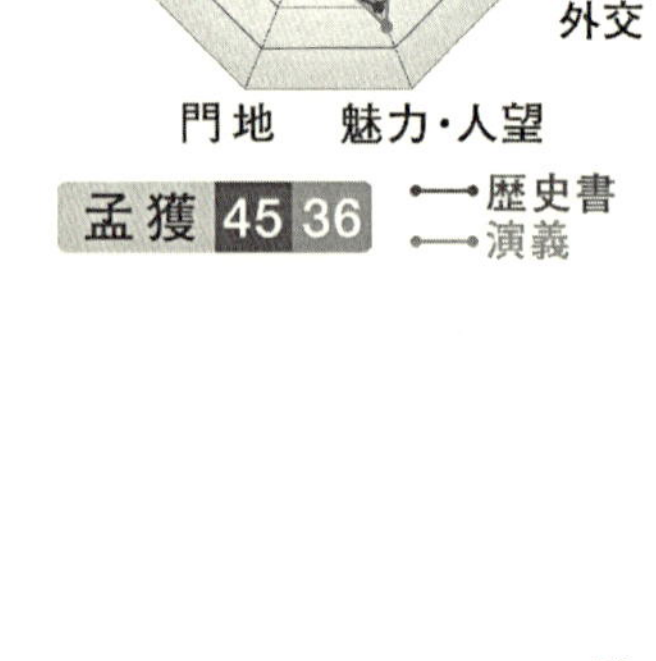

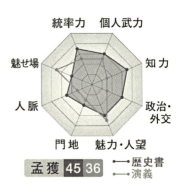

# 馬謖《ばしょく》（幼常《ようじょう》）

［荊州襄陽郡の人／190〜228年］

【演義】「泣いて馬謖を斬る」の若き幹部候補
【史実】逃亡したから処刑された〝登山家〟？

## 【演義】「泣いて馬謖を斬る」の若き幹部候補

白眉で有名な馬良《ばりょう》の弟。劉備が益州を征服した際に登用された人物の一人として名前が現れる。劉備は亡くなる際に馬謖のことを「言葉が実質に先行している」として評価せず、重用しないように言っている。

南蛮征伐では「心を攻める」よう諸葛亮に進言し、北伐開始前には謀叛の噂をばらまいて司馬懿を更迭させるなど諜報活動で活躍。

第一次北伐では、魏延などの諸将を差し置いて要地の街亭《がいてい》の守備を任されたが、諸葛亮からの「街道を守れ」という指示や副将の王平《おうへい》の忠告を無視して山上に陣取り、司馬懿に周囲を囲まれて水の手を断たれ敗北。漢中に帰還後、諸葛亮は友人の弟であり、次世代の有望な人材であった馬謖でも手心を加えることはできないとし、泣きながら軍法に基づいて判決を下し、処刑された。

## 【史実】〝逃亡したから処刑された〝登山家〟？

劉備に従って蜀に入り、県や郡の長官を歴任して諸葛亮から高く評価されたが、劉備からの評価が低かったことや南征の際の「心を攻めよ」との進言は歴史書にもある。

『演義』には記述がないが、第一次北伐の際、馬謖が街亭の守備を任されたのは、隴西を降伏させるため、東から来る魏の援軍を1か月遮ることが目的であった。しかし、この地域は当時うっそうとした森林で、大軍は街道以外通れなかったにもかかわらず、諸葛亮の指示を無視して街道沿いの城を捨てて山に陣取り、そこを司馬懿ではなく張郃《ちょうこう》に囲まれて敗北した。

処刑に関する話は「泣いて（涙を揮って）馬謖を斬る」という故事になるが、敗れた直後に馬謖が逃亡しようとして捕まったという記述もある。また『演義』の記述から馬謖は若者だという印象を受けるが、実際には諸葛亮と10歳ほどしか離れておらず、それほど若くはない。

ともあれ、魏延などを差し置いて、第一次北伐における最も重要な戦略拠点を任せられた馬謖は、処刑される際、諸葛亮に対して「我が子のように思ってくださった」と述べるなど、諸葛亮が蜀漢の将来を支える人物として期待していたと見られる。

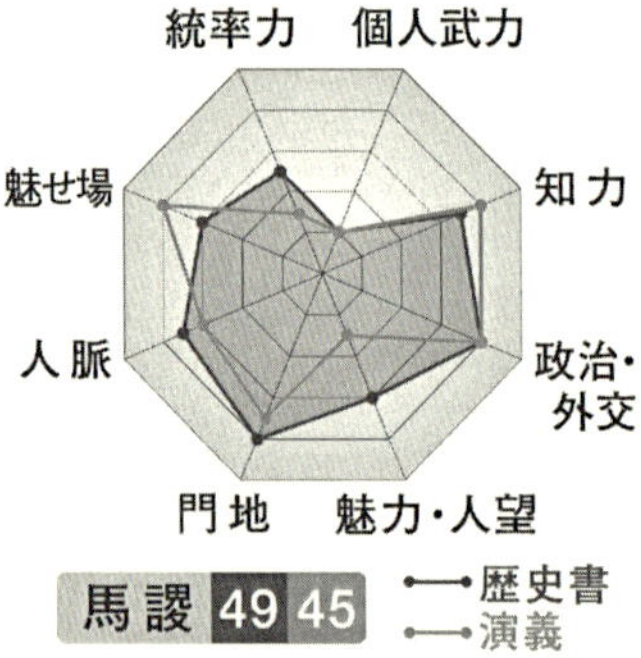

# 魏延《ぎえん》（文長《ぶんちょう》）

［荊州義陽郡の人／?～234年］

【演義】トラブルを引き起こす「叛骨の相」
【史実】謀反人の汚名を受けた孤高の勇将

## 【演義】トラブルを引き起こす「叛骨の相」

『演義』では、関羽と戦った同僚の黄忠が韓玄《かんげん》に裏切りを疑われて殺されそうになったときに、韓玄を殺して劉備に仕えることになる。

劉璋攻撃や漢中攻撃で活躍し、劉備が漢中王になると漢中太守となる。その後、南蛮征伐でも活躍するなど、劉備没後も諸葛亮のもとで蜀随一の猛将として戦い続けた(歴史書では南蛮に出撃していない)。

しかし、第一次北伐の際、長安を最短距離で狙うことを進言するも、危険だと判断した諸葛亮に却下されて不満を抱いた。

諸葛亮が陣中で亡くなって撤退する際に、魏との戦闘を続けようとしたが諸将に見捨てられる。怒って漢中に引き返して楊儀《ようぎ》・姜維らの軍と向き合うも、楊儀に促されるまま「俺を殺せるものがあるか」と3回叫んだところ、生前に諸葛亮の密命を受けていた馬岱《ばたい》に謀叛人として斬られた。

孔明の儀式を台無しにする魏延

## 【史実】謀反人の汚名を受けた孤高の勇将

諸葛亮から「叛骨の相」があるとして処刑されそうになっているが、歴史書にはそのような話はなく、関羽と黄忠の一騎討ちもない。

劉備陣営の初期からのメンバーでもなく、決して高位の将軍ではなかった魏延の漢中太守への任命は、右将軍で（漢中で盛んだった五斗米道の信者が多かった）巴西《はせい》太守も経験済みであった張飛を差し置いての〝サプライズ人事〟であった。それだけ劉備からは高い評価を受けていたということだろう。彼が漢中太守として整えた防衛体制は長く継承され、姜維が北伐のためにその体制を崩してしまうまで活用された。

諸葛亮との関係は目に見えて悪かったわけではなかったが、歴史書でも魏延自身は諸葛亮を臆病者として一方的に嫌っていた。しかし『演義』での、諸葛亮が葫蘆谷《ころこく》で司馬懿もろとも魏延を焼死させようとして失敗した話は歴史書にはない（現在、一般的に見ることのできる毛宗崗本の『演義』にもない）。

プライドが高くて他の武将から避けられており、特に楊儀や劉琰《りゅうえん》などと犬猿の仲だった。歴史書でも諸葛亮死後に謀叛人とされたが、撤退に怒ったためではなく単に自分が権力を握りたいだけだったと見られ、魏延を斬ったのも馬岱ではない。

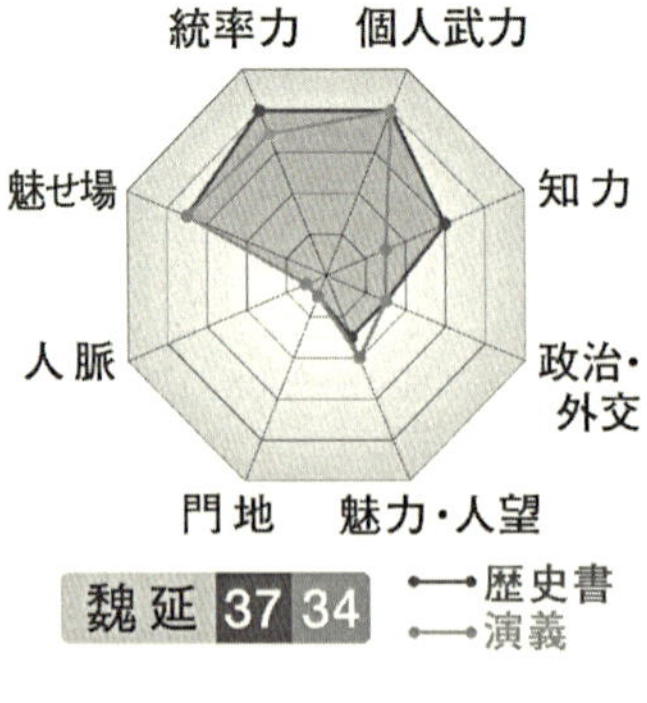

## 姜維《きょうい》（伯約《はくやく》）

［涼州天水郡の人／202〜264年］

【演義】知勇兼備の「諸葛亮の後継者」
【史実】北伐断行で滅亡を招いた猪武者

### 【演義】知勇兼備の「諸葛亮の後継者」

第一次北伐の際、魏の天水太守・馬遵《ばじゅん》の配下として初登場し、諸葛亮の策を見抜いて逆手に取り、趙雲を破る。その後、諸葛亮の離間策によって天水太守から疑われたため、行き場を失ってやむなく蜀軍に投降。諸葛亮から高い評価を受け、重用された。その後の北伐でも武勇・知略の両面で活躍し、諸葛亮が亡くなる際には24編の著作と連弩の法を授けられている。

諸葛亮没後（234年）、『演義』の記述は239年から249年まで飛んでおり、その間の記述はない。司馬懿のクーデター（249年）の後、夏侯覇《かこうは》が蜀に降伏してきたことから、姜維の北伐が始まる。魏をたびたび攻撃するが、郭淮《かくわい》や鄧艾《とうがい》らに防がれてうまくいかなかった。

蜀の滅亡後、蜀で自立しようとした鍾会《しょうかい》をそそのかして魏に対するクーデターを起こし、蜀漢を復興しようとしたが、失敗して殺されたのは歴史書でも同じである。

### 【史実】北伐断行で滅亡を招いた猪武者

第一次北伐の際、魏の天水太守らとともに偵察に出たが、諸県が蜀漢側に降伏していく中で、天水太守らが勝手に姜維を疑ったため、蜀漢に投降。
『演義』では諸葛亮の後継者だったように描かれているが、歴史書では将軍として軍事面を高く評価されていたものの、後継者として指名されていたのは蔣琬《しょうえん》であった。後の北伐で出身地である涼州方面を攻撃し、羌などの異民族を味方につけていることなどから見ると、諸葛亮の北伐戦略の一翼を担う人物であったと見られる。『演義』では諸葛亮によって姜維の母は救出されているが、歴史書では姜維の母が魏に戻るように姜維に手紙を送って、「蜀で遠大な志があるので帰らない」などと言って断っている。

諸葛亮の没後、徐々に出世して軍を担い、蔣琬の没後には費禕《ひい》とともに政権を担った。費禕暗殺（『演義』にはない）後、何度も北伐して失敗するのは事実だが、253年に呉の孫亮《そんりょう》・諸葛恪《しょかつかく》政権とほぼ同時期に北伐していることは『演義』では触れられていない。

地元の益州出身者が政権内に多くなった蜀漢で、涼州出身の彼は難しい立場にあっただろう。北伐の実行によって存在意義を示そうとしたのかもしれないが、無謀にも見える彼の連年の北伐で国力が疲弊し、それが蜀漢滅亡の一因になったことも否定できない。

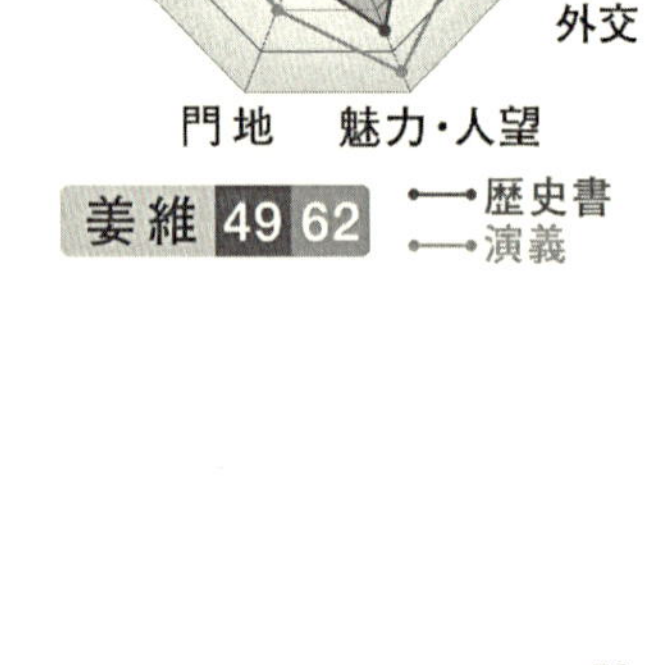

# 呉の章

# 孫堅《そんけん》（字《あざな》：文台《ぶんだい》）

［揚州呉郡の人／155〜191年］

【演義】董卓軍を追い詰めた「孫呉政権の祖」
【史実】独立勢力というよりは「袁術配下の一将軍」

## 【演義】董卓軍を追い詰めた「孫呉政権の祖」

『演義』・歴史書ともに孫子の子孫とされる。黄巾の乱では朱儁《しゅしゅん》と劉備が黄巾軍と戦っている中で登場して活躍を見せたのが初登場の場面である。

反董卓同盟軍に参加し、華雄《かゆう》と戦うが、孫堅を警戒した袁術から兵糧供給を止められたため、敗北。また、董卓が洛陽を燃やして逃げた後、廃墟となった洛陽で玉璽《ぎょくじ》を見つける。この話は『演義』と歴史書の双方にあるが、史実かどうかはあやしい。

玉璽を手に入れた孫堅はこれを隠し持って江東に戻ろうとするが、劉表に邪魔されて命からがら逃げ延び、劉表と怨敵となる（歴史書にはない）。

その後、袁術から劉表攻撃を唆す手紙がきたこともあって、劉表討伐に出陣するが、敵を一人で追跡したところを蒯良《かいりょう》の策によって待ち伏せしていた呂公《りょこう》に討たれた。

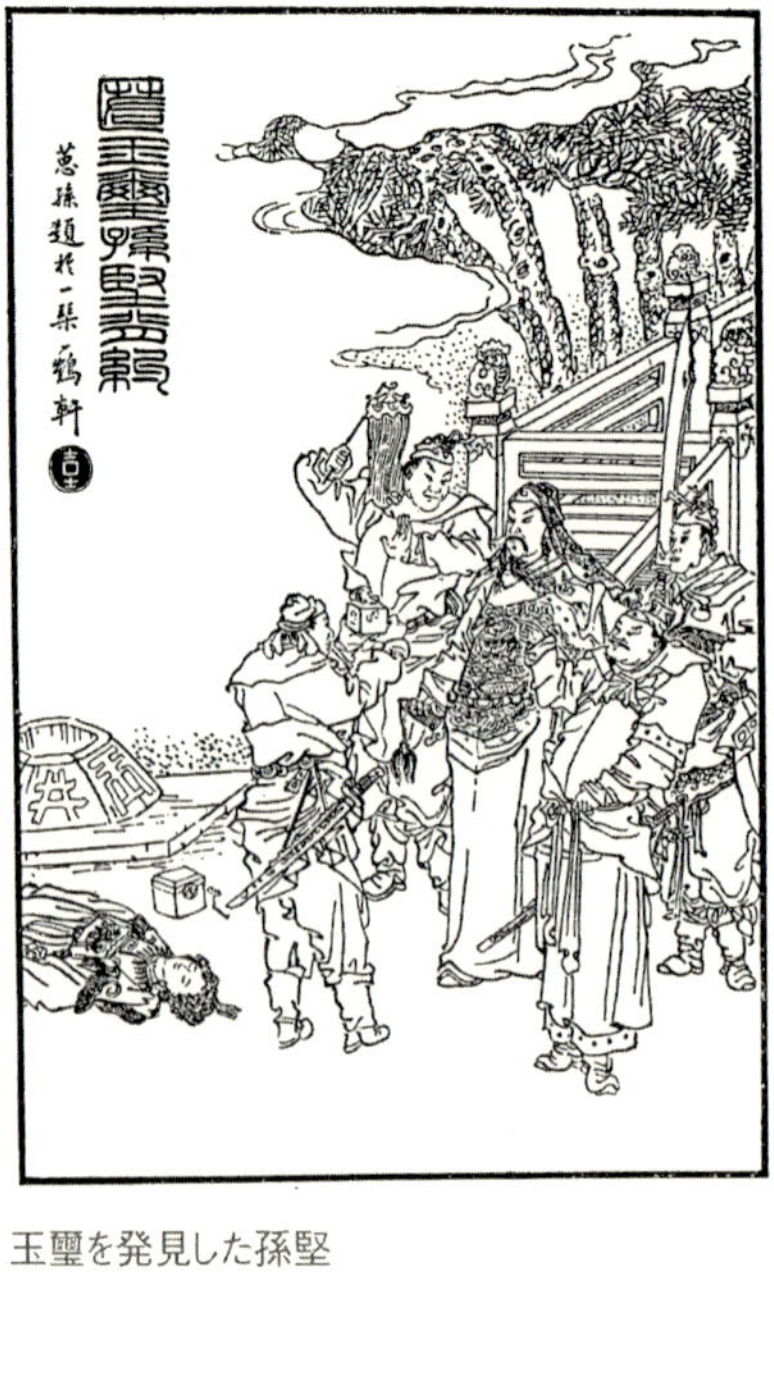

玉璽を発見した孫堅

## 【史実】独立勢力というよりは「袁術配下の一将軍」

若くして海賊を討伐し、その功で官職に就く。黄巾の乱の征伐時には、歴史書では朱儁の「配下」として活躍している。

韓遂《かんすい》らの反乱討伐で董卓が成果を挙げられずにいると、車騎《しゃき》将軍だった張温《ちょうおん》の参謀として孫堅も出陣。無礼な董卓が軍令違反を犯したため、孫堅は張温に処罰するよう進言したが、このことから後に董卓は反董卓同盟の中でも特に孫堅を警戒した。

その後、実権を握った董卓が都で暴政を行なうと、長沙から北上して荊州刺史の王叡《おうえい》らを殺害。袁術の引き立てによって行破虜将軍となり、豫州刺史を兼ね、袁術の指揮下に入って反董卓同盟に参加した。華雄を討ち取るが、『演義』では華雄を討ち取ったのは関羽の手柄にされている。

『演義』同様、孫堅は劉表を討伐中に戦死した。ただ、歴史書ではこの劉表攻撃が袁術の指示によるものであり、黄祖の配下に討たれたとされる。当時袁術は袁紹と対立し、袁紹派の劉表を孫堅に攻撃させていたのだった。このように見ると、孫堅はあくまでも袁術の配下として行動しており、完全に独立した勢力だったわけではなかったのである。

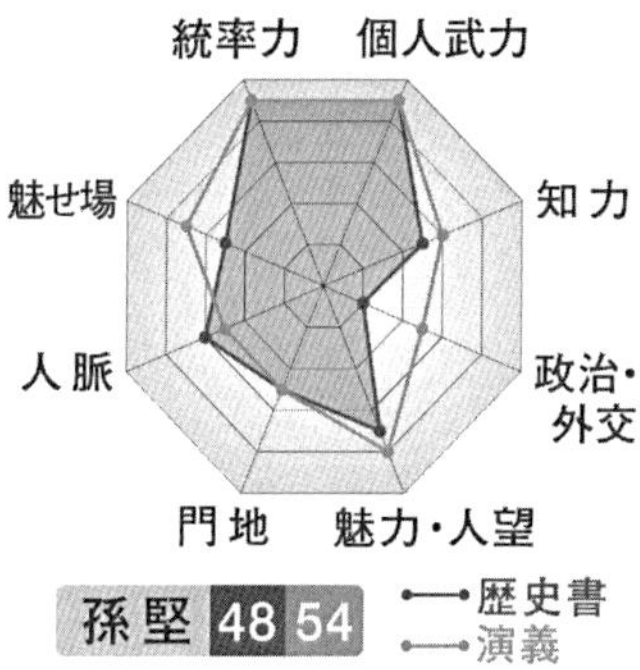

# 孫策《そんさく》（伯符《はくふ》）

［揚州呉郡の人／175～200年］

【演義】〝独立してから〟短期間で領土を拡大
【史実】父の威光ではなく〝袁術勢力の〟後継者

## 【演義】〝独立してから〟短期間で領土を拡大

孫堅が劉表を攻撃した際に、17歳で初陣を飾ったのが初登場の場面（歴史書にはこのような話はない）である。

孫堅の死後、袁術のもとにいたが、孫堅の遺品の玉璽をカタにして兵を借り、劉繇《りゅうよう》や厳白虎《げんぱくこ》、王朗《おうろう》を討伐して江東を平定。小覇王と称されたが、実は「覇王といえば項羽《こうう》であり、〝小覇王〟は〝ミニ項羽〟（天下を取れず滅んだ項羽の、さらに〝ミニ〟）となるので、ほめ言葉ではない」という見方もある。また、喬公《きょうこう》（歴史書では橋公）の娘たちを捕虜にして、孫策は姉を娶り、妹を娶った周瑜と義兄弟となった。

その後、玉璽《ぎょくじ》返却を求めたにも関わらずそれを無視して皇帝に即位した袁術と断交、曹操のもとへ関係樹立のための使者を送った。一方で曹操が擁立する皇帝がいた許《きょ》を急襲しようとしていた。

そんな中、かつて曹操に内通したために殺害した許貢《きょこう》の食客に襲われて負傷。さらに配下が拝んでいた于吉《うきつ》道士を処刑し、その祟りに悩まされて死去（この于吉の話は歴史書にはない）。

## 【史実】父の威光ではなく〝袁術勢力の〟後継者

歴史書では、孫堅が董卓討伐に出撃すると、揚州盧江郡の舒《じょ》に移って周瑜と親しくなる。孫堅が亡くなると、おじの呉景《ごけい》、次いで袁術に身を寄せるが、歴史書では孫策を忌み嫌っていたとされる陶謙《とうけん》を避けたこともその理由の一つである。

陶謙は、董卓が長安へ遷都した後、右腕だった王朗の進言を受け、使者を派遣して董卓に貢物を献上し、陶謙が徐州牧に、王朗も会稽太守となっている。ということは、陶謙の一派が揚州の一部に進出していたことになる。陶謙が孫策を忌み嫌った原因の一つは、もしかすると、孫策が陶謙の出身地の丹楊《たんよう》郡の太守であったおじの呉景を頼ったことから、孫策の勢力が勇猛さで知られた丹楊兵を握って挙兵することで、陶謙の進出先である揚州の覇権をめぐってライバル関係になる可能性を考慮したためかもしれない（このときは結局、宗教指導者の祖郎《そろう》に敗れて挫折し、袁術のもとに逃げていくことになる）。

〝袁術の配下として〟陸遜《りくそん》の一族・陸康《りくこう》を倒し、陸氏一族を弾圧した。これはかつて孫堅が陸氏の援助要請に応じて出陣したこともあったのに、その後孫策が陸康を訪問すると部下に応対させたため、孫策はそれを恨みに思っていたことが原因とされる。『演義』では記されないが、この陸氏一族弾圧が原因で、孫策は江東の豪族「呉の四姓（陸氏・顧氏・朱氏・張氏）と敵対関係となり、後に孫氏政権の内部問題の原因の一つとなった。

孫策はその後、やはり袁術の命令を受けて、劉繇・王朗らが支配していた江東を制圧する。袁術が皇帝を僭称すると、孫策は袁術から自立するが、その原因の一つは孫堅が残した遺産である〝漢王朝を支える〟という大義まで失うことになると考えたためである。ただ、それまでの孫策は袁術の配下として行動しており、独立していた期間は数年ほど間であった。歴史的に考えると、袁術から自立して江東を制圧していった孫策の政権は独自で切り開いたものというより、袁術・劉繇（・朱儁一族）の後継政権と考えるのが妥当であろう（孫堅はそもそも独自の政権を樹立していなかった）。

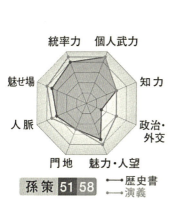

# 孫権《そんけん》（仲謀《ちゅうぼう》）

［揚州呉郡の人／182～252年］

【演義】戦争は不得手も、人材活用に長けた名君
【史実】面子に拘らず国を維持、ただし戦略はなし？

## 【演義】戦争は不得手も、人材活用に長けた名君

『演義』では、兄の孫策から守備を任された城で山賊の襲撃を受け、側近だった周泰《しゅうたい》に救われた場面が初登場である（このとき周泰は12か所の傷を負った）。

「領土を広げるのは俺が上だが、能力ある者を用いて江東を守るのはお前が上だ」との孫策の遺言を受けて後を継ぎ（これは歴史書にも記載されている）、魯粛や諸葛瑾《しょかつきん》をはじめ多くの人材を登用し、父の仇である黄祖《こうそ》討伐も達成。

赤壁の戦いでは、机を斬るパフォーマンスで決戦の決意を示し、大多数の降伏派を抑えた。また、お互い仲が良くなかった周瑜と程普《ていふ》を大都督、副都督として併用し（歴史書には左都督、右都督とある）、曹操を相手に徹底抗戦して撃退。

その後、妹を嫁がせると偽って劉備を呼び寄せて殺そうとしたり、劉備を贅沢で骨抜きにしたりして荊州を奪おうとするが、すべて諸葛亮に見破られて失敗（妹を嫁がせたこと自体は歴史書にも記述がある）。

荊州をめぐって劉備・曹操と同盟を組み替えつつ戦い、配下の武将に関羽を討ち取らせて荊州を奪取。さらに関羽の

弔い合戦で攻め込んできた劉備を夷陵《いりょう》で撃退。その後も、魏や蜀に対抗しつつ、呉の皇帝となる。

『演義』では諸葛亮が亡くなった際に蜀漢からの使者が訪れた場面以降、孫権が亡くなるところまで登場せず、全体を通して見ても曹操や司馬懿、劉備や諸葛亮などと比較すると影が薄い。

## 【史実】面子に拘らず国を維持、ただし戦略はなし？

歴史書でも、甘寧《かんねい》などのクセのある臣下たちをまがりなりにもまとめあげていた。また、『演義』同様、総大将として出陣しても最前線にはあまり出なかったが、これについては、12か所もの傷を負った周泰によってなんとか山賊から救われた件（実は歴史書では「城の守備を怠っていた」ために危ない目にあったと記されるトホホな話である）など、意外に軽率なところがあったため、自重した（させられた？）ためかもしれない。

さらに、酒乱の気はこの時代随一である。例えば、宴会中にキレてしまった孫権が臣下をいきなり斬ろうとし、その後反省して「今後、酒が入ったうえで自分が殺せといっても決して殺してはならない」と側近たちに命じた、という二重にとんでもない話がある。

外交では、政治情勢によって態度を変え、ある時は劉備・諸葛亮と、またあるときは曹操・曹丕と手を組み、荊州を支配する関羽との関係が悪化した際には、曹操へ降伏の使者を送り、曹操の指図を受けることを承諾するなど、よく言えば「面子に拘らず、屈辱を忍んで国を維持した人物」である。

しかし、周瑜・魯粛がいなくなると、孫権陣営の積極的な動きは減る。特に諸葛亮の北伐が行なわれた頃には、孫権本人はいろいろと動こうとした節もあるが、少なくとも結果的に配下の呂蒙《りょもう》・陸遜《りくそん》が三国統一に向けて積極的に動いたことはない。呂蒙は司令官であった時期が短いため、情状酌量の余地はあるが、陸遜は統一に向けた進言もほとんどなく、面白いように動かない。

加えて、孫権本人は統一に向けて戦略を立案し、実行しようとすることはほとんどなかった。確かに、この頃の江南・江東の山間部には、孫氏政権にたびたび反乱を起こした山越と呼ばれた人々がおり、孫権もその対策に力を割かなければならなかった（歴史書でも黄祖討伐が遅れた理由の一つは山越対策に苦しんだためである）。しかし、いくら山越対策が困難だったとはいえ、そうした軍事行動も目の前の利益の確保のためであるとするならば、悪く言えば「周瑜・魯粛といった天下を目指す戦略立案者がいなくなれば、目の前の利益に飛びついてしまう風見鶏」といったところが孫権への評価となるだろう。

晩年に近づくと、外交面では遼東の公孫淵《こうそんえん》に翻弄され、内政面では権力を乱用した呂壱《りょいつ》を重用したことから重臣との間に溝ができてしまう。その上に、長男の孫登《そんとう》が亡くなった後の後継者決定を迷ったため、重臣が分かれて争う後継者争いまで引き起こし、その中で陸遜が憤死するなど、大混乱を招いた。

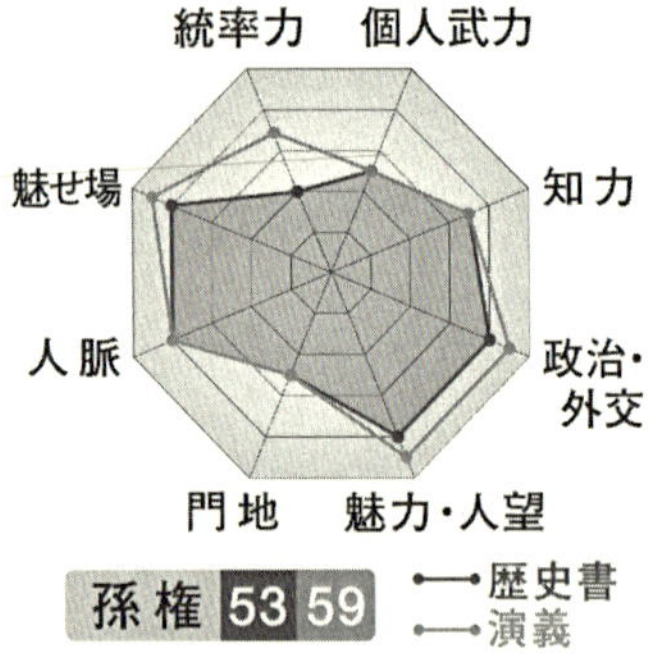

# 周瑜《しゅうゆ》（公瑾《こうきん》）

［揚州盧江郡の人／175〜210年］

【演義】優秀だが、諸葛亮の引き立て役
【史実】孫策とは〝政治的な関係〟で、当初は袁術の配下？

## 【演義】優秀だが、諸葛亮の引き立て役

『演義』では、孫策の江東進撃に合流するところで初登場し、姉妹を娶りあうことで孫策と義兄弟になって（孫策の項参照）勢力拡大に貢献。音楽の才能もあり、「美周郎」と呼ばれるほどカッコよかった（歴史書には「美」の字はないが、音楽の才能や「姿貌有り」という記載はある）。

孫策の死後、孫権を支え、赤壁の戦いでは黄蓋《こうがい》との「苦肉の計」などで曹操を油断させ、火計で曹操軍を撃破。その後、江陵《こうりょう》を守る曹仁《そうじん》を打ち破るなど、曹操軍を相手にした時の計略の冴えは見事だ。

しかし、亡くなる際に、諸葛亮からの手紙を読んで「天はすでに周瑜を生みながら、なぜ諸葛亮を生まれさせたのか」と言うほど、周瑜の策は諸葛亮に見抜かれており、彼に対する策略は暗殺計画をはじめとしてすべて失敗している。

周瑜

## 【史実】孫策とは〝政治的な関係〟で、当初は袁術の配下？

後漢の宰相格に就任する人物を輩出するほどの〝全国〟レベルの名門出身で、あくまでも地方豪族である孫氏とは比較にならない。『三国志』呉書とその裴松之裴松之注によれば、その周瑜が配下として仕えることで孫氏政権が安定したとされるほどの「大黒柱」、孫氏政権最大の〝カリスマ〟だっ

た。また、名門中の名門である袁紹・袁術の一族の袁氏とも、少なくとも周瑜の4代前の周栄の時代から密接な関係があった。

実は、廬江周氏の基盤を築いたとされる周瑜の高祖父・周栄《しゅうえい》は、袁紹・袁術の高祖父である汝南袁氏の袁安《えんあん》が司徒だったときに部下として招聘されており、周栄は袁安の「故吏《こり》」であった。後漢では、「元部下」を意味する故吏が、招いてくれた人物である「辟主」に対して抱く恩義は、職務上の上下関係がなくなっても続き、故吏が辟主に対して尽くす忠節は辟主の子孫にも受け継がれると考えられることから、汝南袁氏と廬江周氏の関係はかなり深いと考えられる。

『演義』では孫策と周瑜は最初期から意気投合した義兄弟だったとされるが、実際の関係は個人的な関係というよりは孫家と周家、さらに朱儁《しゅしゅん》・袁術も巻き込んでの政治的なものであった。

孫堅を重用していた朱儁と、周瑜の一族の周忠は共に董卓軍の李傕《りかく》と戦ったことがあり、廬江の周氏と朱儁も関係が深く、また、朱儁は汝南袁氏の袁遺《えんい》を人材として推薦したことがあるなど、汝南袁氏との間に重要な関係を持っていた。孫堅と周氏や袁術などをつないだのが、他でもない朱儁だったと考えられる。

周瑜は孫策とともに江南を平定したが、袁術から呼び戻され、一旦は孫策の下を離れている。このことを重視すれば、この当時は孫策ではなく、袁術の配下として行動していたということになる。ただ、袁術が皇帝を名乗ると、孫策と行動を共にした。

『演義』の赤壁の戦いでは諸葛亮の活躍が際立っているが、実際は彼が軍を指揮し、火計を実行して曹操軍を敗北に追い込むなど、功績は非常に大きい。

その後、曹操が江陵に残していった曹仁を撃破して、長江中流域（荊州中部）を手に入れるのに一年ほどかかり、自身も負傷している。戦術面や用兵面の能力に難があったのかもしれない。

その後、馬超と同盟を結んだ後、周瑜が南の長江中流域から、江東の孫権が東南の長江下流域から、馬超が西北から出撃し、三方から曹操を討つという「天下二分の計」をめぐらして荊州や蜀に攻め込もうという構想を持っていたが、周瑜自身の急逝で挫折した。

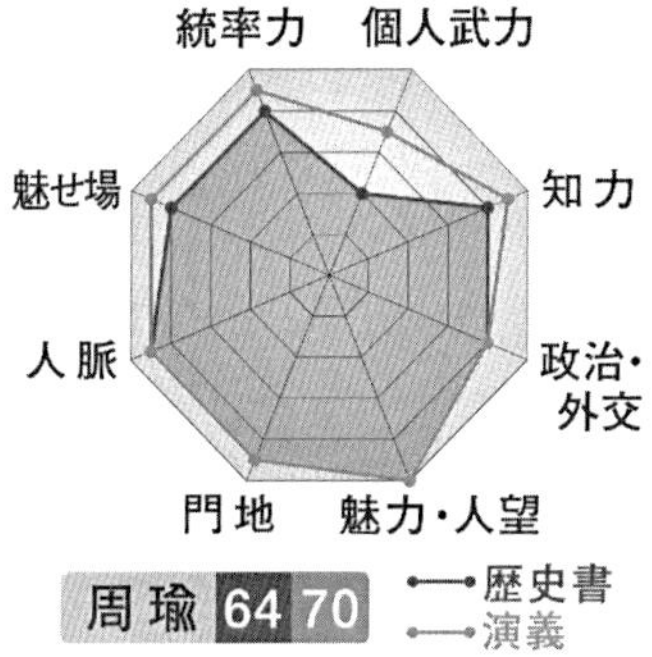
統率力
個人武力
知力
政治・外交
魅力・人望
門地
人脈
魅せ場
周瑜 64 70
歴史書
演義

# 魯粛《ろしゅく》（子敬《しけい》）

［徐州下邳国の人／172～217年］

【演義】諸葛亮に振り回される〝お人よし〟
【史実】三国時代を創った〝大戦略家〟

## 【演義】諸葛亮に振り回される〝お人よし〟

若き日、居巣県の長となった周瑜から援助を要請された際、2つあった倉の1つの中身をすべて与えたほど豪快な人物である（これは歴史書にも記されている）。

また、孫権に仕えた際に彼なりの「天下三分の計」を提案し、将来長江流域を支配して皇帝となることも進言しているが、これらは歴史書にも記載されている。赤壁の戦いでは、基本的に諸葛亮に翻弄されるお人よしとして描かれている。

劉備が巴蜀を手に入れた後、荊州を治める関羽を呼び寄せ、周囲に兵を伏せて会見し、領土問題について話し合おうとしたが、偃月刀一本を持ってやってきた関羽に押し切られて失敗に終わった。

管輅の占い通り、曹操に魯粛の死が伝えられた場面が最後の登場場面である。

魯肅

## 【史実】三国時代を創った〝大戦略家〟

裕福な地方の豪族の家に生まれたが、財産を投げ出して有能な人物との人間関係を作っていったとされる。最初、袁術から東城県の長に任命されたが、袁術に見切りをつけ、周瑜のもとに身を寄せた。周瑜が孫策に合流するとそれに同行したが、孫策に仕えた形跡はなく、孫策の死後、劉曄《りゅうよう》から誘われて巣湖の鄭宝《ていほう》に仕えようとしたことすらあった。

周瑜の死後、その後継者として荊州方面の総司令官となり、劉備に荊州を〝貸し与えて〟蜀に向かわせ、天下三分の流れを作った。魯粛は、荊州北部を曹操が領有していて孫権が荊州のすべてを掌握していなかったことや、劉備の影響力、人口の少ない呉の国力などを冷静に分析した結果、孫権陣営だけでは曹操に対抗できないと考えた。そこで劉備が孫権陣営を攻撃しないように仕向けつつ天下を分ける一方の勢力に成長させ、孫権陣営のために活用しようとした戦略を立て、諸葛亮らとともに現実のものにした。

また、『演義』の「単刀会」は関羽の見せ場だが、歴史書ではお互いにひと振りの刀を持って会見し、荊州の一部返却を堂々と主張してひかなかった。むしろ魯粛の見せ場であったのだ。

魯粛の死後、後を継いだ呂蒙と孫権は彼の戦略に理解を示さず、後に孫権は魯粛の戦略を失敗だったと悔やんだという。実際、孫権・呂蒙は関羽が治める荊州を攻め落とし、奪取してしまう。本来、孫権（孫呉）と劉備（蜀漢）は協力して曹操（曹魏）にあたることでしか曹操（曹魏）を破る術はなかったのだが、このことによって孫権は目先の利益として荊州を得た一方で、少なくとも結果論として天下統一は遠くなった（そもそも孫権が天下統一を目指していたかどうかについては、孫権の項参照）。

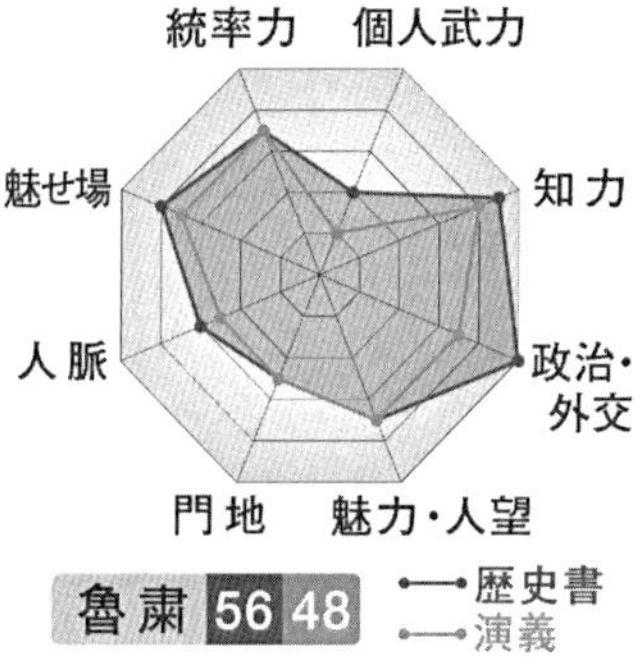

# 陸遜《りくそん》（伯言《はくげん》）

［揚州呉郡の人／183〜245年］

【演義】夷陵で劉備を破った「書生上がり」
【史実】呉を地方政権化させた方面司令官

## 【演義】夷陵で劉備を破った「書生上がり」

『演義』では、孫権に登用された人物の一人として名が挙げられたのが初登場である。

関羽と孫権との荊州での争いでは、呂蒙の代わりに赴任して関羽を油断させ、勝利を収めた。劉備が攻め寄せてくると司令官となり、古参の将軍がなかなか従わないことに苦労しながらも劉備を夷陵《いりょう》で破ったが、諸葛亮が魚腹浦《ぎょふくほ》に建造しておいたという不可思議な巨大石造迷路「八陣図」に惑わされて反省し、撤退（当然、この「八陣図」の話は歴史書にない）。

さらに、曹休《そうきゅう》を石亭《せきてい》で破り、たびたび魏を攻撃。諸葛亮の五丈原での戦いの際に、同時に合肥へ出撃したのが最後の登場場面である。

陸遜

## 【史実】呉を地方政権化させた方面司令官

呉郡の有力豪族である「呉の四姓」の一つ・陸氏の出身で、家柄は主の孫氏よりも格上である。

『演義』にはない話だが、父の死後、一族の陸康のもとに身を寄せていたことがあり、陸康が袁術の差し向けた孫策と戦って敗れ、陸氏一族が離散するなどの悲惨な目にあったことを考えれば、孫氏政権に恨みを持っていてもおかしくない人間である。そんな陸遜が孫権に仕え、孫策の娘と結婚したことは、孫氏と陸氏の和解と関係強化を意味していた。

ただ、赤壁の戦いの時の陸遜の見解はわからず、「沈黙の降伏論者」だった可能性もある。また、この後も陸遜は統一に向けて積極的な動きを見せることがほとんどなく、統一への戦略すらも持っていなかった可能性が高い。

『演義』では、劉備が攻撃をしてきた際、陸遜が張昭などからも若い書生だと見られていたため、古参の将軍が従わなかったとあるが、歴史書でも孫権軍の将軍たちがなかなか陸遜の指示に従わなかったとされる。しかし、この時の陸遜はすでに**40**歳くらいで、赤壁の戦いの頃の周瑜・魯粛より年上であり、すでに山越討伐では活躍していて実績は十分にあったことに注意が必要である。

孫権が皇帝となった後も、陸遜は荊州に駐屯しながら呉の軍事・内政・外交のすべてを支えた。孫権が蜀漢に手紙を送る際に問題点があれば、孫権の許可なく変更できる権限を持っていたほどである。

しかし、孫権の後継者争いに巻き込まれ、年長の孫和《そんわ》を支持したが、疑いを持った孫権から何回も詰問の使者を送られて憤死。

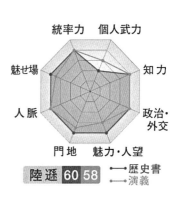

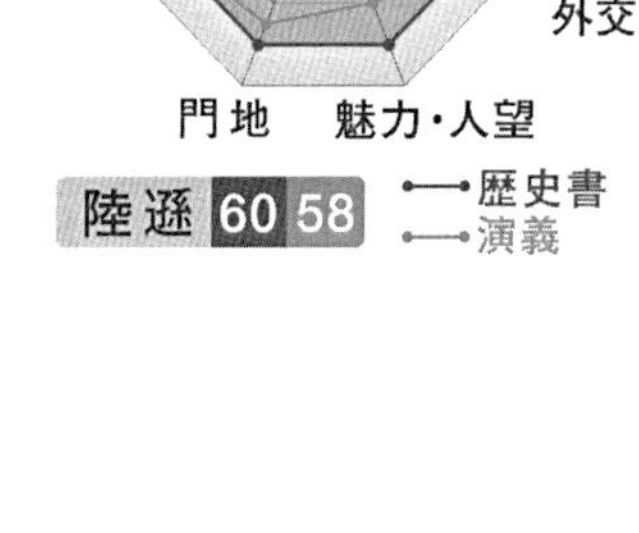

# 太史慈《たいしじ》（子義《しぎ》）

［青州東莱郡の人／166〜206年］

【演義】呉で一、二の武勇を誇るも、張遼に針鼠にされる
【史実】赤壁前に病没。独立勢力と同列に記載される

## 【演義】呉で一、二の武勇を誇るも、張遼に針鼠にされる

母が世話になった孔融が黄巾の残党に襲われたのを救うために駆けつけ、孔融《こうゆう》の使者として劉備の下に赴き支援を引き出した場面が『演義』での初登場である。

その後、劉繇のもとに行った太史慈は、たまたま自ら偵察に出てきた孫策と一騎討ちをし、引き分けに終わるも、お互いの力を認め合った。その後、劉繇《りゅうよう》が敗れた際に捕らえられたが、その際、孫策と「劉繇の残党を翌日の昼までに集める」という約束をし、その通りに帰還してきた。

その後は孫権に仕え、赤壁の戦いでも活躍する。だが、合肥での戦いの際、張遼《ちょうりょう》の軍に潜りこませた部下に陣をかく乱させたうえで太史慈が攻め込んだところ、張遼に計略を逆利用されて矢を浴び、41歳で戦死した。

## 【史実】赤壁前に病没。独立勢力と同列に記載される

歴史書では、董卓が政権を握る前の187年頃、東莱郡と青州の間に問題が起こった際、太史慈が郡の使者となって州よりも有利な処置を朝廷から引き出した。

『演義』に描かれる孔融を救う話や孫策とのエピソードはほぼ歴史書の記載通りであるが、歴史書では劉繇の残党を集める期日が翌日ではなく**60**日となっている。

その後、劉表勢力の侵入を防ぐなど孫権のもとでも活躍し、曹操からもスカウトの手が伸びていたが、赤壁の戦いの前の206年に**41**歳で病死。遺言は「丈夫として生きたならば、七尺の剣を帯び、天子の階を昇るべきところを、志を実現できぬうちに死ぬことになるとは！」という強烈なものである。

孫策に降伏した後、太史慈が孫策・孫権の配下であったことは間違いないが、ここまで述べてきたような経歴から、歴史書『三国志』では劉繇・士燮といった独立勢力の群雄たち

と同列に並べられて記載されている。

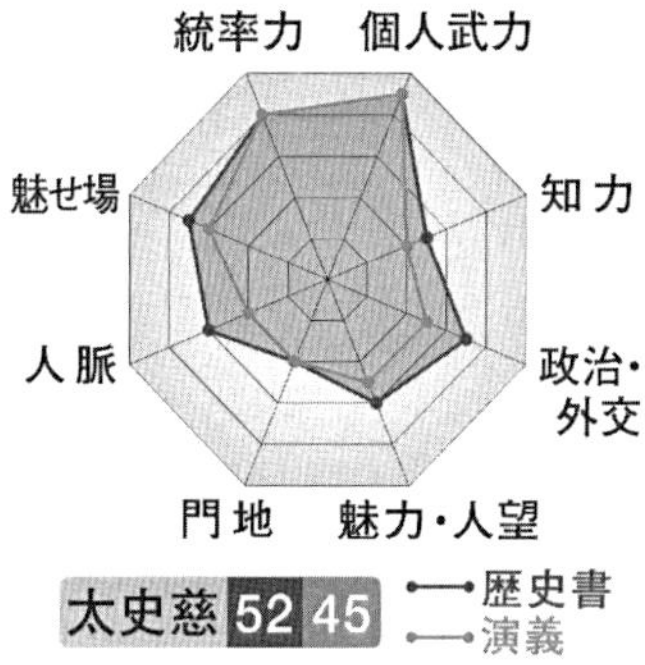

# 張昭《ちょうしょう》（子布《しふ》）

［徐州彭城国の人／156〜236年］

【演義】呉の内政と安定を担った名士
【史実】孫権から疎まれ丞相になれず

## 【演義】呉の内政と安定を担った名士

張紘《ちょうこう》とともに「二張」と称され、周瑜からの推薦を受けて、自ら訪れてきた孫策の懸命の説得を受けて仕えることになる。

孫策の死後、周瑜とともに孫権を支えた。赤壁の戦いでは非戦派で、孫権を説得するためにやってきた諸葛亮と舌戦を行なったが、やり込められている。

その後も孫権にさまざまな助言をしていくが、劉備が呉を攻撃してきた際には、「陸遜など一書生で劉備の敵ではない」などと、結果的に的外れなことを述べてもいる。孫権が皇帝となった際に、意見を述べたのを最後に登場しなくなった。

張昭

## 【史実】孫権から疎まれ丞相になれず

徐州にいたとき、陶謙の推挙を拒否したため捕まったが、なんとか釈放されるという硬骨ぶりを垣間見せている。

孫策に使える際は、歴史書では周瑜からの推薦はなく、「二張」とも書かれていない。

死に際の孫策に後を託された後、実は張昭は孫権の弟・孫翊《そんよく》を孫策の後継者に推していたとする説もある。

孫権が長江沿いでの宴会で「今日は酔って台から転げ落ちるまでやめねえぞ！」と言ったときに苦言を呈するなど、孫権へのたびたびの諫言は強烈。敬意を払われつつも孫権から煙たがられていたため、周囲の推薦があったにもかかわらず張昭は孫呉の丞相にはなれず、実際には格下の孫邵《そんしょう》や顧《こ》雍《よう》が就任した。さらに、張昭は孫権に魯粛《ろしゅく》を信任しないよう進言し、張温《ちょうおん》を称賛したが、孫権は魯粛を信任し、一度は重用した張温を最終的には退けた。

孫権が皇帝となった際、中原などの北方でも名声のあった張昭が降伏を勧めたことを「もしあのとき、張公の言うことを聞いていたら、今頃乞食になっていただろう」と孫権が皮肉ったこともあり、張昭は病気と高齢を理由に官位を返上した。

232年、遼東の公孫淵《こうそんえん》が呉への服属を申し出てくると、孫権は使者を派遣して、公孫淵を燕王に封じようとした。張昭が公孫淵の策略だと反対したが、孫権は使者を出発させた。結局、公孫淵は使者を殺して首を魏に送るという結果になる。その後孫権は謝罪したが、張昭は出仕しないままだったため、怒った孫権が張昭邸の門を土で塞ぎ、さらに脅しで門に火をつけるという子どもじみた大げんかもあった。それでも胡綜《こそう》(孫権が発する公文書の起草をしていた影のキーマン)の仲裁もあり、孫権と張昭が決定的に対立することはなかった。

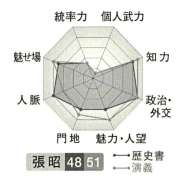

# 後漢の章

# 袁紹《えんしょう》（字《あざな》：本初《ほんしょ》）

〔予州汝南郡の人〕　?～202年〕

【演義】威厳はあるが、「優柔不断で小物な貴公子」
【史実】曹操のライバルというより「支配下に置いていた庇護者」

## 【演義】威厳はあるが、「優柔不断で小物な貴公子」

4世代にわたって三公（宰相格の3つの官職）を出した名門出身。

大将軍だった何進《かしん》の配下として宦官勢力と対立するところから登場する。何進が宦官によって暗殺されると、宦官を手当たりしだい皆殺しにした。董卓が権力を握ると、挙兵して反董卓同盟の中心人物となるが、孫堅に食糧を送らないでおこうと持ちかけた弟の袁術の意見を取り入れるなど、内部対立を招いてしまう。

その後、韓馥《かんぷく》を脅迫して冀州を奪い、河北に勢力を拡大。公孫瓚《こうそんさん》を滅ぼした後、官渡で曹操と戦うが敗れ、さらに倉亭でも程昱《ていいく》の「十面埋伏の計」（歴史書にはない）で敗れる。その後も曹操の攻撃を受け続ける中で、血を吐いて死去。

## 【史実】曹操のライバルというより「支配下に置いていた庇護者」

『演義』では曹操の友人でありライバルのように描かれることも多いが、歴史書によると、曹操より10歳ほど年長だったとみられる。さらに宦官の祖父をもつ曹操との家柄の差やその後の行動を考慮すると、袁紹は「曹操の庇護者」であった。

また、暗殺前の何進に宦官皆殺しを進言した際は、袁紹らはすでに何進を見捨てており、また丁原や董卓さえも、何進に呼ばれた際は袁紹の統制下にあったとの見方もある。

『演義』だけでなく、歴史書でも優柔不断で猜疑心が強く、大勢の臣下をまとめきれなかった人物というイメージがある。しかし裏を返せば、部下に大軍を任せなかった曹操とは異なり、配下の意見に耳を傾け協調しながら政治を行なったということである。官渡の戦いの際も、敵である曹操の臣下からの内通の手紙が多かったほどで、人望もあったと見られる。

さらに、官渡で敗れたことですぐに滅亡に向かったわけではない。曹操も袁紹の生存中は、河北に手を出せないでおり、袁家が滅んだのは、袁紹の死後に息子たちが内部抗争を行なったためである。

加えて、歴史書では袁紹が曹操に、「河北割拠→河南侵攻→天下平定」という具体的な天下統一への戦略構想を述べている。これは後漢の光武帝の戦略を意識したものであった（〝行き当たりばったり〟の曹操はその後、袁紹の構想をそのまま真似ている）。その点からすると、袁紹は光武帝の〝ロイヤル・ロード〟を追った、「天下に一番近いはずの人物」だったのである。

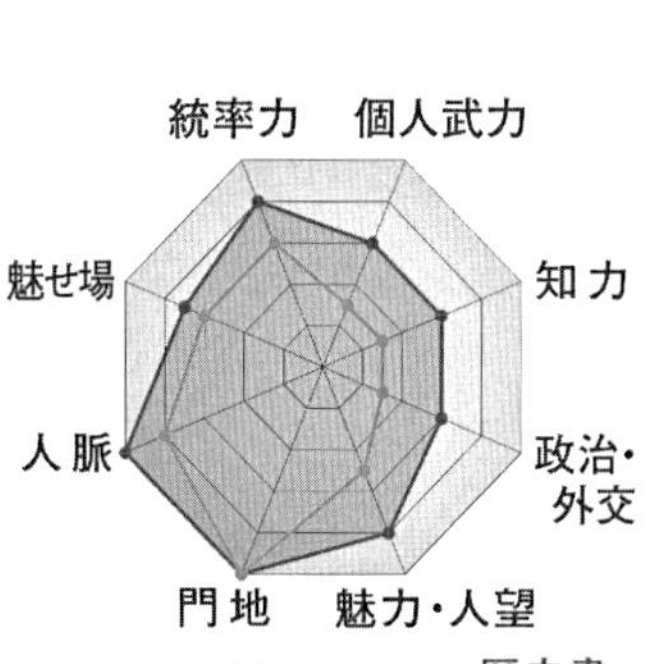

## 袁譚《えんたん》（顕思《けんし》）・袁熙《えんき》（顕奕《けんえき》）・袁尚《えんしょう》（顕甫《けんほ》）

［（袁譚）予州汝南郡の人／？～205年・（袁熙）予州汝南郡の人／？～207年・（袁尚）予州汝南郡の人／？～207年］

【演義】英雄・袁紹の〝残念な〟子どもたち
【史実】若く官僚となった袁譚、身内の味方は多かった袁尚

### 【演義】英雄・袁紹の〝残念な〟子どもたち

官渡の戦い以前は、袁紹の長男の袁譚は青州、次男の袁熙は幽州を守っており、三男の袁尚は袁紹に愛されて身辺に置かれていた。官渡で敗れた後、袁紹の後継者として、陣営内の辛評・郭図は袁譚を、審配・逢紀は袁尚を立てようとした（袁紹自身は、袁譚は気が強すぎ、袁熙は柔弱だと評していた）。

袁紹が亡くなる際に袁尚の母である後妻が確認をとり、袁紹が頷いたことから、袁尚が後継者となった。しかしその後、曹操と戦う袁譚と袁尚の間でゴタゴタがあり、袁譚が郭図《かくと》の策略で袁尚を殺そうとしたことから、ついに後継者争いが始まった。

最初は袁譚が劣勢で、劉表に援助を要請したが断られ、袁尚に包囲されたが、そこで袁譚はなんと本当に曹操に降伏。袁尚は曹操に敗れて幽州の袁熙を頼るもさらなる追撃に遭い、2人で北方遊牧民の烏丸のもとに逃げ込んだ。

一方の袁譚は、曹操が袁尚を追撃すると、袁尚の本拠地を荒らしまわって占領し、軍勢を手に入れるという「鬼の居ぬ間に何とやら」の姑息な手段に出た。当然怒った曹操から攻撃を受け、曹洪《そうこう》に討ち取られた。

その後、曹操は袁熙・袁尚が逃げ込んだ烏丸《うがん》を攻撃。袁熙・袁尚はさらに遼東の公孫康《こうそんこう》のもとへ逃げ込むが、曹操を恐れた公孫康によって殺され、首は曹操に送られた。

### 【史実】若く官僚となった袁譚、身内の味方は多かった袁尚

歴史上でも大まかな流れは『演義』と同じであるが、袁譚

が曹操に敗れて帰還した際に、袁尚のいる鄴《ぎょう》を攻撃したことから後継者争いが始まった。また、袁尚は高幹《こうかん》らに曹操の背後を攻撃させているが、曹操の味方をした馬超らに撃退されている。加えて、袁譚を討ち取ったのは曹純《そうじゅん》である。

『演義』では無能で姑息に見える袁譚だが、実は劉備の推薦で官僚となっていた。審配の手紙には「袁譚は早くから伯父の後継者にされ、袁紹の後継者候補から外された」とあるが、審配が袁譚の敵の袁尚派であることなどから、簡単には信じがたい。実際のところ、史書からは無能であったかどうかもよくわからない。残っている記録が、勝者である曹操側からのものがほとんどであることもその原因の一つである。

袁熙は、歴史書でも最初から後継者候補ではなかったようであるが、その理由はよくわからない。

袁尚についても、「袁紹が寵愛し、後継者にしようとしていた」と歴史書にあるが、袁紹が亡くなる際に後継者を指名しておらず、実際のところはよくわからない。

袁譚についた辛評《しんぴょう》・郭図は河南出身、袁尚についた審配《しんぱい》や沮授《そじゅ》の子・沮鵠《そこう》は河北出身であることを踏まえると、兄弟間の争いの背景には、田豊・沮授・郭図・審配の項で述べる「河南派」と「河北派」の対立もあったと思われる。

一族である袁熙・高幹が袁尚の味方についていることから、袁尚側の方がやはり優勢だったのかもしれない。

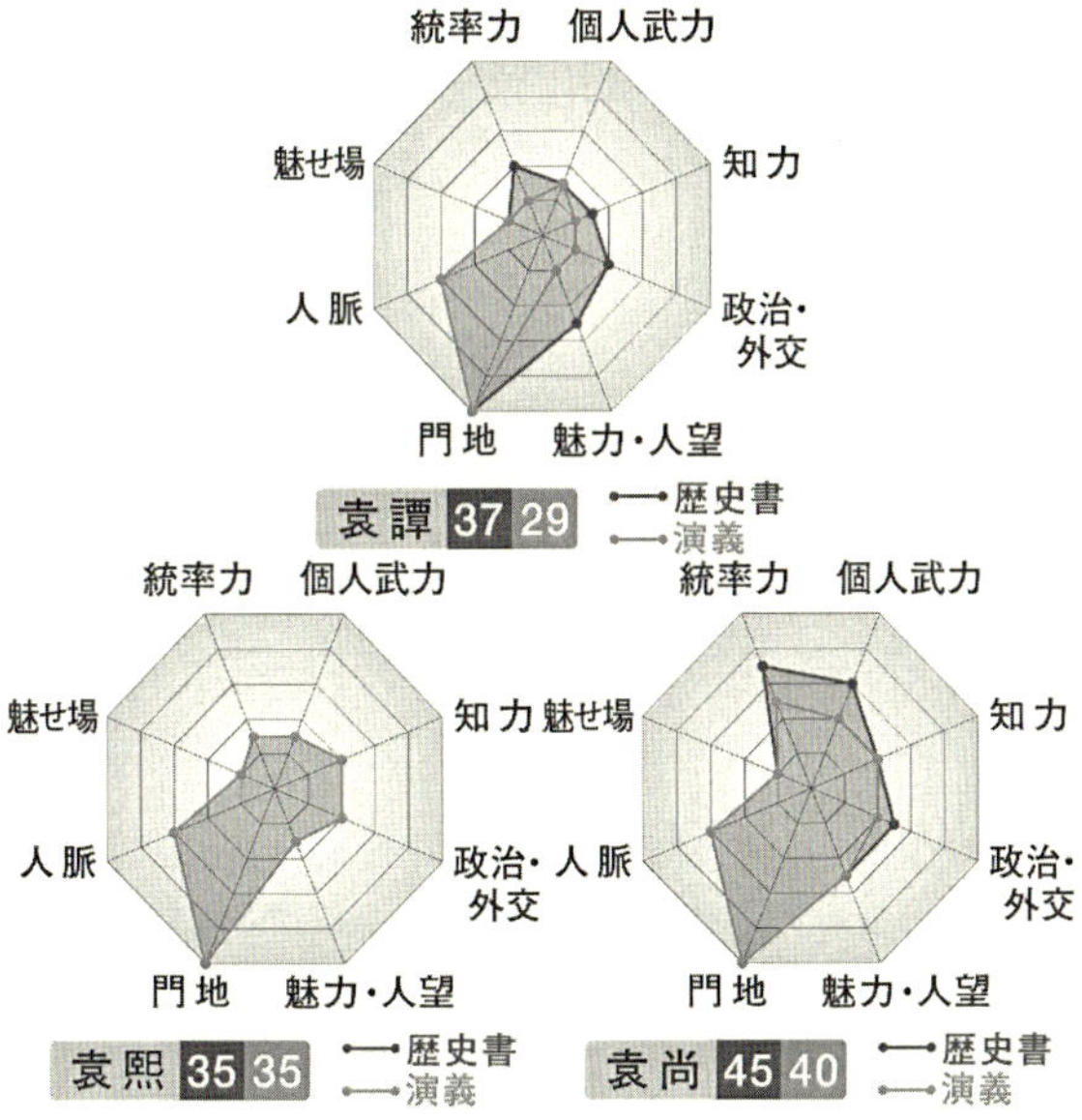

## 田豊《でんぽう》（元皓《げんこう》）・沮授《そじゅ》（？）
## 郭図《かくと》（公則《こうそく》）・審配《しんぱい》（正南《せいなん》）

［（田豊）冀州鉅鹿郡の人／？〜200年・（沮授）冀州広平郡の人／？〜200年・（郭図）予州潁川郡の人／？〜205年・（審配）冀州魏郡の人／？〜204年］

【演義】袁紹の下で〝ずっとモメ続けた〟軍師たち
【史実】『演義』が描かない「河北派と河南派の対立」

### 【演義】袁紹の下で〝ずっとモメ続けた〟軍師たち

『演義』での田豊・沮授・郭図・審配は、袁紹配下の軍師ともいうべき者たちであるが、袁紹の誘いを蹴った荀彧《じゅんいく》は、彼らを「田豊は剛直で主君にさからう」、「審配はわがままではかりごとがない」などとして「不和になりがち」だと述べている（歴史書でも荀彧は同じことを述べている）。

例えば、徐州の劉備が袁紹に援軍を要請した際には、それまでの戦争による荒廃から田豊・沮授が反対したものの、河北を制圧した勢いに乗じるべきとする郭図・審配が賛成し、結局袁紹軍は出撃。

曹操が徐州の劉備を攻撃した際に、今度は田豊がガラ空きになった曹操本拠地の許都への攻撃を主張するが、このときの袁紹は末っ子の病気でとりあわなかった。

さらに曹操が劉備を破ったところで袁紹が許都攻撃を主張すると、田豊は勢力を強めた曹操への攻撃に反対して持久戦を主張したため、牢にぶち込まれてしまう（官渡での敗北の際に獄中で自害）。そしてそれを見た沮授は、敗北を予想して一族に財産を分け与えている。

このように、確かに田豊・沮授は袁紹とすれ違いばかりで、郭図や審配とも仲違いしている。その後も沮授は袁紹に意見を述べ続けるが、ことごとく採用されず、曹操軍の捕虜となって逃げようとしたところを殺された。

ついでに郭図は曹操の本陣への攻撃の失敗を張郃《ちょうこう》や高覧《こうらん》のせいにしたため、彼らが曹操へ降伏する原因を作っている。おまけに袁紹の死後は、その後継者をめぐって審配とも対立するという、残念な人物になっている。

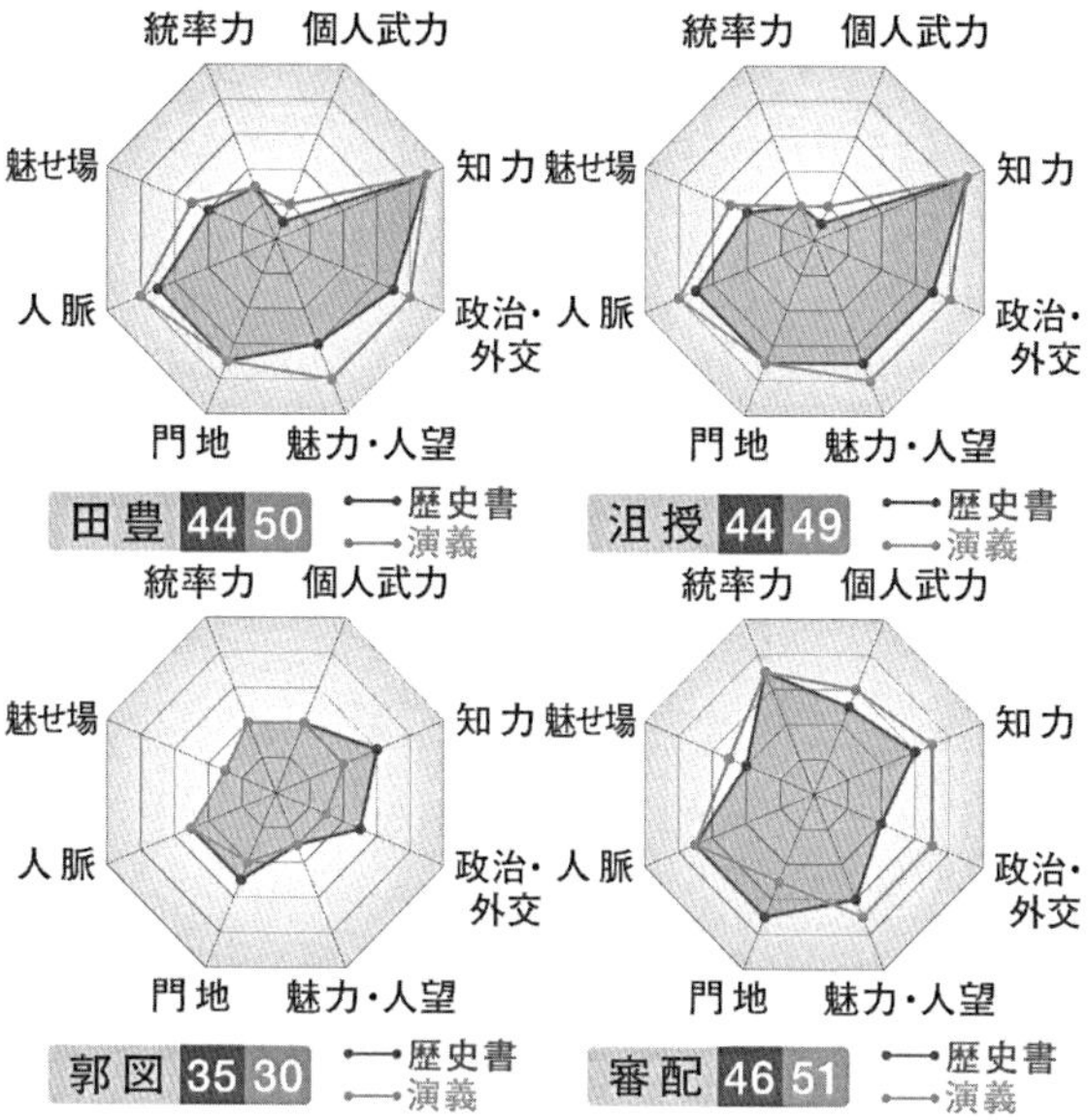


## 【史実】『演義』が描かない「河北派と河南派の対立」

歴史書に描かれた田豊・沮授・郭図・審配にも、ここまで述べたような対立構図があるが、それには〝『演義』では描かれない理由〟がある。

郭図などは黄河の南側（河南）の出身であり、「黄河の北側（河北）はあくまでも覇権争いのための物資と兵士の供給源」にすぎないと考え、短期的には河北に犠牲を強いてでも、早急な河南奪取からの天下統一に向けて曹操との短期決戦を主張した。それに対して、田豊・沮授は袁紹の本拠地となった河北の冀州出身で、戦乱で疲弊した河北の安定を重視し、持久戦を（沮授はそれに加えて後方撹乱策も）主張していた（ただし、同じ冀州出身の審配は、郭図と同じで短期決戦を主張している）。曹操が隙を見せた際には、田豊も許都を急襲しようと進言しているが、これには奇襲なら河北にとって負担になりにくいという視点もあったと見られる。

ちなみに、彼らとともに袁紹に仕えた許攸《きょゆう》・逢紀《ほうき》は荊州の出身であり、河北の出身ではない。そして、袁紹自身は……河南の出身であった。このように見れば、河北派の田豊・沮授の意見が袁紹に聞き入れられなかったことや、審配と逢紀の仲が悪いのも理解しやすい。

歴史書での田豊は、後に曹操に敗れた袁紹が「田豊の言うことを聞いておけば……」とボヤいたときに、逢紀が「袁紹様が負けたのを聞いた田豊は笑っている」などとデマを吹き込んだため殺されており、自害はしていない。

# 顔良《がんりょう》（？）・文醜《ぶんしゅう》（？）

［（顔良）徐州琅邪国の人？／？～200年・（文醜）不明／？～200年］

【演義】関羽の引き立て役となった「袁紹軍の二枚看板」
【史実】〝名将かどうかもよくわからない〟袁紹軍の将

## 【演義】関羽の引き立て役となった「袁紹軍の二枚看板」

『演義』での顔良・文醜と言えば、董卓軍の華雄《かゆう》が反董卓連合軍の諸将を斬り続けていたときに、袁紹が「顔良・文醜がまだ来ていないのが惜しい」と述べたほどの人物で、後の「袁紹軍の二枚看板」であり、兄弟同然の関係であったとされる。

二人は公孫瓚との界橋の戦いで活躍し、特に文醜はこの戦いで趙雲と互角の戦いを繰り広げた（最終的には敗退）。

袁紹と曹操の戦いが始まると、顔良は単独で先鋒として出陣（沮授《そじゅ》は顔良の性格を理由としてこれを避けるように諫めたが、袁紹は無視している）。曹操軍の武将たちを次々に破るが、曹操に大言を吐き一騎で分け入ってきた関羽によって討ちとられてしまう。

文醜は顔良の仇討ちを願い出て劉備とともに出撃したが、曹操の軍師・荀攸《じゅんゆう》の策にはまり、張遼《ちょうりょう》・徐晃《じょこう》などの武将を蹴散らすも、同じく関羽に討たれている。

結局、顔良・文醜は『演義』が成立した頃には、すでに「神」であった関羽を引き立てる役割を担わされていたのである。

## 【史実】〝名将かどうかもよくわからない〟袁紹軍の将

顔良については、顔之推《がんしすい》が顔良を同族だと述べているので、それに従えば徐州琅邪国の出身ということになる（『顔氏家訓』巻五・誡兵十四）。

歴史書で顔良・文醜が活躍するのは、西暦200年の袁紹と曹操の戦いのみである。

『演義』と異なっているのは、荀攸の策によって孤立してしまったところに張遼・関羽の軍と遭遇したことであり、また関羽は顔良を斬る前に曹操に大言を吐いてはいない。とはいえ、ただ一騎で突入して顔良を討ち取っているのだから、史実でも関羽は充分バケモノである（関羽の主君の劉備が袁紹側にいたことを考慮して、戦おうとしなかった顔良を関羽が問答無用で討ってしまったのかもしれないが、歴史書からはよくわからない）。

文醜は顔良の戦死の後、仇を討つために劉備とともに出撃し、曹操・荀攸の策にはまって敗走したのは歴史書でも同じが、実際には張遼・徐晃を蹴散らしていないし、関羽に討たれたわけでもなく、誰に討たれたかすらもわからない。

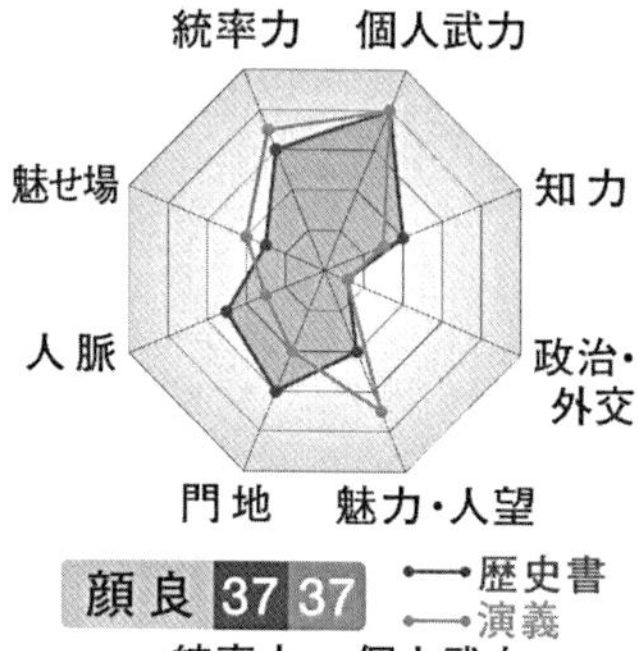


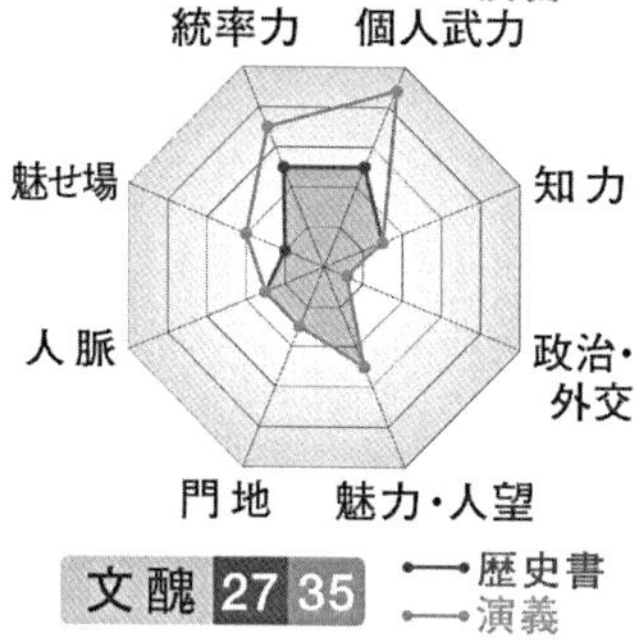

# 麴義《きくぎ》（？）

［涼州西平郡の人？／？〜196もしくは198年？］

【演義】公孫瓚戦で活躍したが「趙雲の引き立て役」
【史実】河北制圧に最も貢献した「対騎兵のスペシャリスト」

## 【演義】公孫瓚戦で活躍したが「趙雲の引き立て役」

『演義』での麴義は、磐河（界橋）の戦い（192年）において、袁紹軍の部将として800人の弓や弩の部隊を率い、公孫瓚軍の騎兵（白馬義従）をひきつけてから射撃。白馬義従に大打撃を与え、公孫瓚軍の厳綱《げんこう》を斬り捨てる活躍を見せた。

しかし、追撃したところを公孫瓚のもとにいた趙雲の槍の一突きで殺されている。この戦いが『演義』における趙雲の初登場場面であり、麴義は完全に趙雲の〝引き立て役〟にされてしまったのである。

## 【史実】河北制圧に最も貢献した「対騎兵のスペシャリスト」

歴史書での麴義は〝引き立て役〟にはとどまらない、〝袁紹配下随一の将軍〟であった。

麴義は長く涼州にいて羌族の戦法に習熟した騎兵対策のスペシャリストであったとされる（『三国志』袁紹伝注『英雄記』）。一説には涼州西平郡の名族の出身といわれる（『資治通鑑』注引『姓譜』）。

そんな麴義は、董卓討伐を目指して挙兵した袁紹を裏切った匈奴の単于《ぜんう》・於夫羅《おふら》の騎兵主体と見られる軍を撃破。

さらに、公孫瓚との界橋の戦いでは、800人（『演義』では弓弩兵だが、実際はおそらく歩兵）の兵をいったん楯の下に伏せさせ、公孫瓚の騎兵をひきつけてから一斉にぶつかり、両側から弩を射かけて撃破した。

続いて公孫瓚の陣営を襲って厳綱を斬り、追撃して本営を落とした。また、逃走中だった公孫瓚軍の騎兵によって突如囲まれた袁紹をも救っている。まさに獅子奮迅の大活躍である。

劉虞《りゅうぐ》が公孫瓚に殺されると、劉虞の子・劉和《りゅうわ》や劉虞の臣下だった鮮于輔《せんうほ》とともに公孫瓚の本拠地・易京《えきけい》を攻撃したが、1年ほどたって兵糧が尽き敗北。その後、功績をかさにきてつけあがったために袁紹に殺されたという。

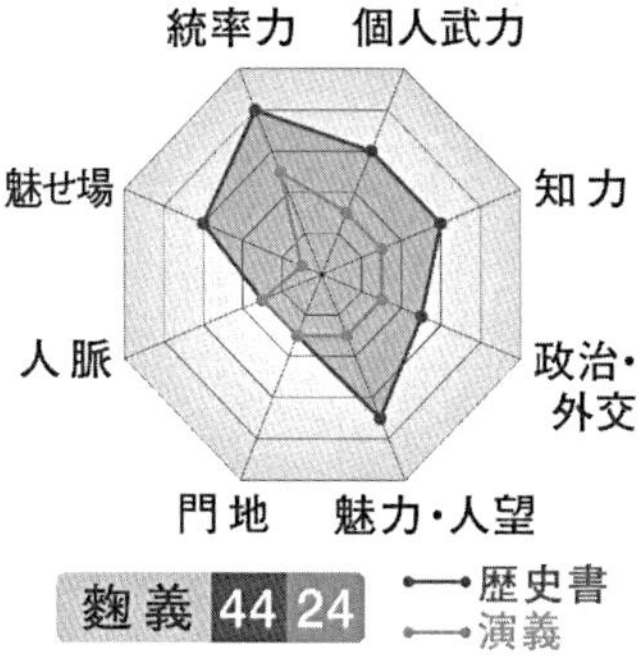

# 張角《ちょうかく》（?）

［冀州鉅鹿郡の人／?～184年］

【演義】魔術的な力を持つ「宗教反乱の指導者」
【史実】豪族・宦官と〝クーデター〟を計画した野心家

## 【演義】魔術的な力を持つ「宗教反乱の指導者」

張角と二人の弟は秀才とされていたが、彼らは科挙の郷試（地方試験）に合格しなかった。腐敗する後漢に不満を持っており、それがのちの新国家を目指す挙兵につながったと見られる。

張角は南華老仙から『太平要術』という書籍を授かり、符水（神秘的な力を持つ水）で多くの人々の病を治していた。同時に、「蒼天已に死す　黄天當に立つべし　歳は甲子に在りて　天下大吉」（蒼天（漢王朝）の世は乱れに乱れてすでに死んだも同然であり、黄天（太平道）の世が正に立つべきときである。時は甲子（西暦184年）、皆立ち上がり住みよい天下を作ろうではないか）というスローガンを掲げ、白い土で都や地方の役所に「甲子」（張角らが挙兵しようとしていた年で、干支の組み合わせの1番目であり、天からの命令が革まるとされた年）の文字を書くという組織的な活動をしていた。

あるとき信徒の馬元義《ばげんぎ》が進めていた宮廷内の宦官を内応させるという宮中工作が発覚してしまい、予定を繰り上げて挙兵する（黄巾の乱）。宦官への賄賂を拒否して罷免された盧植《ろしょく》に代わり、董卓が討伐にやって来ると、張角はこれを破るも直後に病死。残った末弟の張梁《ちょうりょう》は皇甫嵩《こうほすう》に敗れた。次弟の張宝《ちょうほう》は朱儁《しゅしゅん》に敗れ、部下に討たれた。

## 【史実】豪族・宦官と〝クーデター〟を計画した野心家

『演義』では魔術師のような張角だが、歴史書では身分などの記述がなく、黄帝・老子の思想を学び、2世紀前半に于吉が得た『太平清領書』を重んじている。

実際の太平道には農民・流民だけでなく、後漢の政治に失望した豪族・知識人も加わっており、組織的な動きや財政面の支援などを行なっていたと見られる。馬元義が宮中工作をした相手には（『演義』では述べられていないが）宦官の大物・張譲も含まれていた。宦官を内応させるという〝工作〟が未遂のまま発覚してしまったため、急きょ挙兵したのは演義と共通している。おそらくは挙兵と同時に宦官による宮中クーデターを起こさせようとしていたと考えられている。

このようなことを踏まえると、黄巾の乱は単なる農民反乱ではなく、宮中クーデターや多方面でのゲリラ戦、またはテロといった側面も持っていた。ちなみに、この時代に科挙はない。張宝は実際には朱儁ではなく皇甫嵩に敗れている。

黄巾の乱自体は皇甫嵩・朱儁らに敗れて鎮圧されたが、この乱の残党が青州兵などの形で後漢末の混乱に重要な役割を果たすことになる。

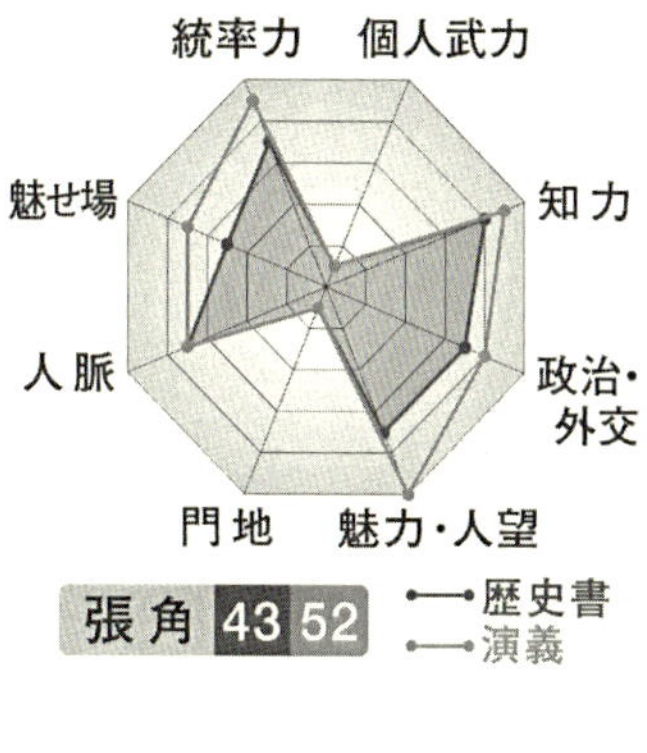

# 董卓《とうたく》（仲穎《ちゅうえい》）

［涼州隴西郡の人／？〜192年］

【演義】漢王朝を畏れず、残虐と悪行の限りを尽くす
【史実】遷都で天下争いから脱落した「小心な破壊王」

## 【演義】漢王朝を畏れず、残虐と悪行の限りを尽くす

黄巾の乱で大敗した際に劉備に救われるも、劉備が単なる義勇軍と知ると途端に冷淡になる。この初登場の場面での態度が董卓の“人間性”を象徴している。

何進《かしん》が宦官によって殺され、袁紹が宦官を皆殺しにした後、宮廷を逃げ出した皇帝を保護したことから権力を握り、呂布を養子にして勝手に皇帝を代えるなど残虐非道な政治を行なう。そのため袁紹らの反董卓軍が結成されたが、洛陽を焼き払い、郷里に近い長安に遷都して対抗した。

最後は王允《おういん》・貂蝉《ちょうせん》の「連環の計」によって、王允の養女である貂蝉をめぐり呂布と三角関係になり、結局呂布に裏切られて殺された。

## 【史実】遷都で天下争いから脱落した「小心な破壊王」

歴史書では、董卓は馬に乗った状態で左右両方から弓をひける武芸を持つとされるが、黄巾の乱での行動を見ると、軍事作戦面の能力は疑問。また、貂蝉もおらず、「連環の計」もない。

政権を握った後、董卓は伍瓊《ごけい》・周瑟《しゅうひ》などといった士大夫たちが推薦してきた人物を積極的に登用したが、このとき士

大夫が推薦した人々の中には、董卓が支配する都から逃げ出した袁紹もいた。結局、士大夫が董卓に推薦した人物が、後に董卓に対する挙兵勢力の中心となっていった。これは、士大夫らが董卓に表面上従いつつ、失脚を狙って仕掛けた「罠」だと見られている。

董卓は恐れていた西方の皇甫嵩《こいほすう》を入京させて力を削ぎ、自らを罠にはめた伍瓊・周瑟を殺害し、使者として送った名望の士（胡母斑《こぼはん》・呉脩《ごしゅう》）を袁紹らが殺すように仕向けたことで反董卓同盟を動揺させ、崩壊に導いた。このように、窮地を脱するために打つ手は鋭く、ここ一番での保身能力は高い。

その後、洛陽を捨てて、故郷の涼州に近く軍事的に有利な長安に遷都し、その後の長期戦に備えた。しかし結果的に、董卓政権は涼州に基盤を持つ地方政権的性格を持つこととなってしまった。そんな中で、長安での重要度が落ちた幷州出身者の不満を招き、幷州出身の呂布に殺害されてしまったのである。

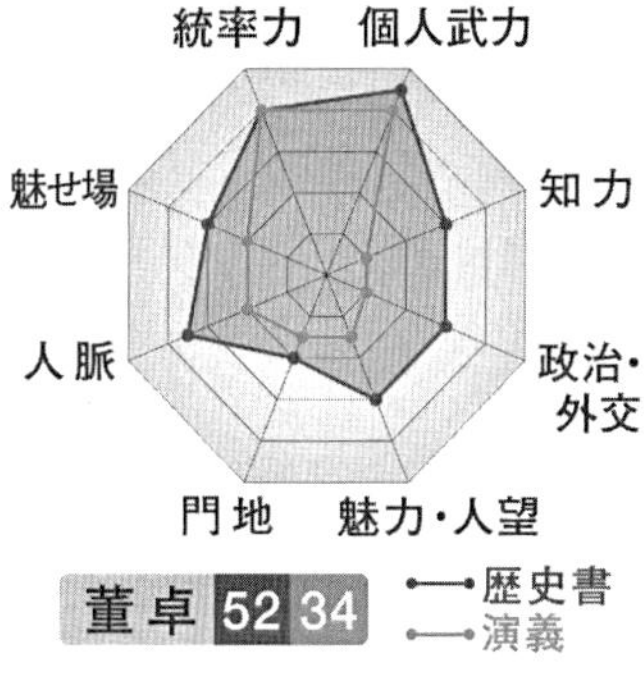

## 董承《とうしょう》（？）

［出身地不明／？～２００年］

【演義】帝のために曹操暗殺を計画した「漢の忠臣」
【史実】したたかに生き抜いてきた「私欲の謀略家」

### 【演義】帝のために曹操暗殺を計画した「漢の忠臣」

董卓死後の混乱の中、献帝が洛陽に戻ろうとする途中で外戚として登場し、献帝に尽くす人物として描かれる。

曹操が献帝を迎えた後、許田での狩りにおいて献帝をないがしろにする曹操の傍若無人ぶりを受けて、献帝は「曹操を討て」との密詔を仕込んだベルトを董承に授ける。

董承は同志を集めて曹操を殺そうとしたが、曹操が董承の妾と秘かに話していた下男を打ち据えたところ、その下男が殺害計画を密告したことから発覚。献帝の子を身籠っていた娘ともども殺された。

### 【史実】したたかに生き抜いてきた「私欲の謀略家」

歴史書では献帝の舅であると同時に、霊帝の母・董太后の甥との記述もあれば、董卓の娘婿の配下との記述もある。董太后の一族の没落の際も董承が生き残り、董卓軍の幹部に納まったのは、董卓が董太后の権威を利用しようとしたためとの見解もある。

献帝を連れ出し洛陽を目指した際、部下に皇后の女官を殺させて絹を奪いとったとか、船にしがみついてきた兵士の手を矛で薙ぎ払ったので、船が兵士たちの手や指で一杯になった（『演義』では別人の仕業になっている）というトンデモない話もあるが、曹操殺害計画の際の下男の話は歴史書にない。

献帝の周囲の人々が権力闘争を続けるなかで、それぞれが次々と対抗する群雄を呼び寄せ、味方を作ろうとしていた。董承も最初は袁術に声をかけ、一旦は曹操軍の曹洪を袁術の部将とともに防いだ。洛陽到着後も、権力闘争を続け、その中では劉表にも声をかけていた。

その後、最終的に曹操を味方に引き入れることで、利用し対立してきた韓暹・楊奉・張楊らを追い出し、許都で曹操とともに政権の一翼を担うようになっていった。

当初、曹操の政権は、董承などの献帝の廷臣集団との連立政権であり、董承らはいわば政権内野党であった。歴史上でも、曹操の権力拡大を恐れた献帝（及びその周囲の人々）が曹操殺害を命じる密勅を出したとされている。その密勅を董承らと共に受けた劉備が徐州を乗っ取った直後、董承は曹操暗殺計画が発覚して殺されている。これは袁紹との戦いを前にした曹操が、劉備を徐州に出すことで罠にハメ、董承らを排除しようとした事件だとする見方もある。

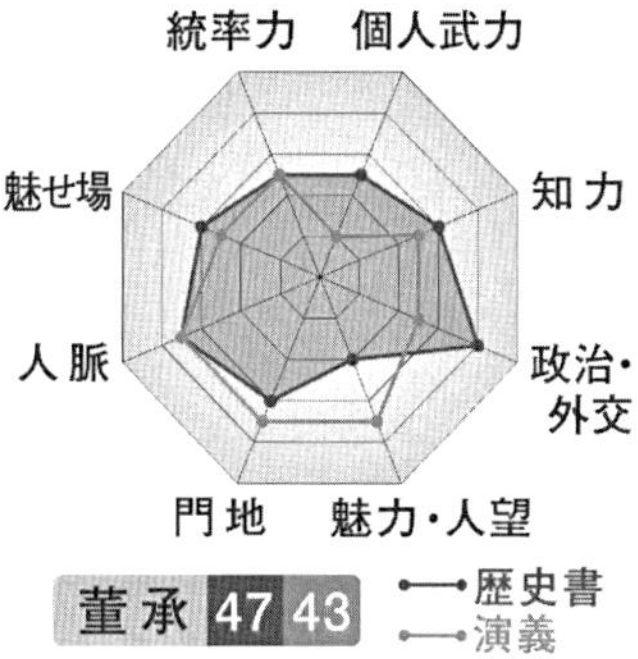

# 呂布《りょふ》（奉先《ほうせん》）

［并州五原郡の人／?～198年］

【演義】裏切りを重ねた「三国志」最強の武将
【史実】強さの秘密は出身地の「并州騎兵」

## 【演義】裏切りを重ねた「三国志」最強の武将

最初、并州刺史《へいしゅうしし》の丁原《ていげん》に仕えて都に上ったが、その命を狙っていた董卓に赤兎馬で誘われて丁原を殺した。

董卓のもとでも、虎牢関で劉備・関羽・張飛をまとめて相手にするなど活躍したが、王允《おういん》の策略によって貂蝉《ちょうせん》をめぐる三角関係に陥り、董卓を殺害。

董卓の元部下たちに敗れた後は各地を転々とし、曹操への謀反を計画していた陳宮《ちんきゅう》らに誘われ、曹操が留守にしていた兗州を襲ったが最終的に失敗。その後、徐州の劉備のもとへ逃れて居候となるが、劉備の遠征中に留守の徐州を奪った。

その後、袁術との同盟を陳珪《ちんけい》・陳登《ちんとう》父子にだまされて阻止されるなどの迷走を続け、198年に曹操に敗れて降伏し、くびり殺された。

弓を射る呂布（清朝期の三国演義の挿絵）

## 【史実】強さの秘密は出身地の「并州騎兵」

歴史書で、丁原を殺したのは屈強な并州兵が欲しかったためであり、虎牢関で劉備たちと戦った話もない。加えて貂蝉も登場せず、実際には董卓の侍女と密通したことがばれるのを恐れ、同じ并州出身の王允の暗殺の誘いにのったとも、董卓が配下の涼州出身者に配慮して涼州に近い長安に遷都したことから、并州出身の呂布の重要度が低下したため、同じ并州出身の王允と共謀したとの見方もある。

そんな呂布については、歴史書でも「飛将」とか「人中の呂布、馬中の赤兎」と書かれている。曹操に捕まったとき、「おれが騎兵を率い、お前が歩兵を率いたら、天下平定間違いなし」と述べたように、彼の強さは（おそらく主に出身地の并州の）騎兵を指揮する能力にあった。

さらに、弓の腕もハンパではない。袁術が劉備を攻めたとき、仲裁に入った呂布は戟《げき》を地面に立て、そこに一発で矢が当たれば撤退しろと言い、実際に当ててみせたという話が『演義』にも歴史書にもある。

ここまで述べたような、他の誰にも負けない「勝ちパターン」、「強さ」に人々が付き従ったからこそ、家柄や財力などがないなかで、覇を競うことができたのであろう。

しかし、仕えた人物を裏切り続け、結局部下に裏切られるという悲惨な末路をたどったことからすれば、「最強の武将」とは言い難いだろう。

清朝期の呂布の版画

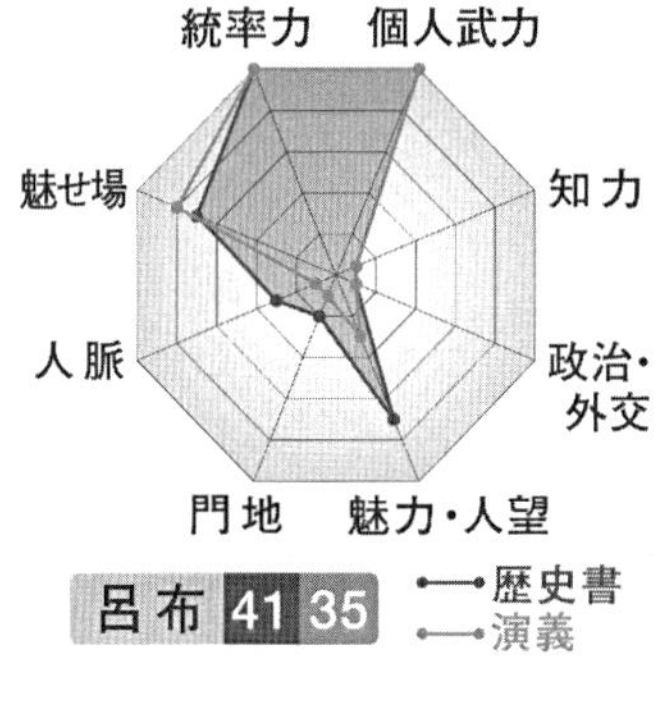

## 陳宮《ちんきゅう》（公台《こうだい》）

［東郡の人／?～198年］

【演義】曹操との数奇な因縁が描かれる謀士
【史実】呂布を完全には操縦できなかった策略家

### 【演義】曹操との数奇な因縁が描かれる謀士

『演義』では、中牟県《ちゅうぼうけん》の県令として登場する。董卓暗殺に失敗して逃げていた曹操を捕まえるも、志に共感して共に逃亡。しかし、知人の呂伯奢《りょはくしゃ》の家に寄った際、殺されると勘違いした曹操と陳宮は家人を皆殺しにしてしまう。さらに家から逃げ出す途中、曹操は何も知らずに帰宅してきた呂伯奢をも、口封じのために殺害する。その身勝手さに呆れて、陳宮は曹操を見捨てた。

その後、東郡の役人となり、曹操の徐州攻撃を諫めて失敗し、追放されて張邈《ちょうばく》を頼った（張邈と手を組むまでの流れが、歴史書とは異なっている）。その後、張邈らとともに反乱を計画し、兗州に呂布を招き入れたが、最終的に曹操に敗れ、呂布に仕えて徐州の劉備のもとへ落ち延びた（これはほぼ歴史書通り）。

その後、呂布は劉備を裏切って徐州を奪取。陳宮は呂布と袁術の関係を強化して曹操と対抗しようとしたが、呂布は陳珪《ちんけい》・陳登《ちんとう》父子に惑わされて陳宮の策を採用しなかった。呂布が敗れた際に陳宮も曹操につかまり、曹操はその才能を惜しんだが、自ら死を望んで処刑された。このように見ると、陳宮については、歴史書の記述と共通する部分が多いことがわかる。

### 【史実】呂布を完全には操縦できなかった策略家

歴史書によると、剛直で覇気に満ちた人物とされるが、荀攸《じゅんゆう》は「智謀はあっても決断が遅い」と評している。

おそらく反董卓軍の挙兵以降に曹操に仕え、兗州を曹操の拠点とすることに貢献。『演義』の呂伯奢の話は歴史書にはない。

その後、曹操の徐州大虐殺への失望や、荀彧《じゅんいく》の方が優遇されたこともあって曹操を疑うようになり、呂布を招き入れて寝返った。

呂布が劉備から徐州を奪った直後、呂布の部下が袁術と結んで反乱を起こすも、高順《こうじゅん》により鎮圧された。この反乱の首謀者の一人が陳宮だったことが発覚しても、呂布は陳宮の責任を問わなかった（『三国志』呂布伝裴松之注所引『英雄記』）。この反乱の背景には、呂布配下における、「呂布の出身地である并州の勢力」と「それ以外の出身者」の対立があったとされるこの一件から、呂布は陳宮の策をあまり採用しなくなった（呂布の妻も陳宮を信用していなかった）。

曹操を見捨て、呂布を裏切ってきた陳宮は、「完全にコントロールされてくれる君主」を求めていたようにも見える。参謀にしては〝我〟がありすぎたのかもしれない。

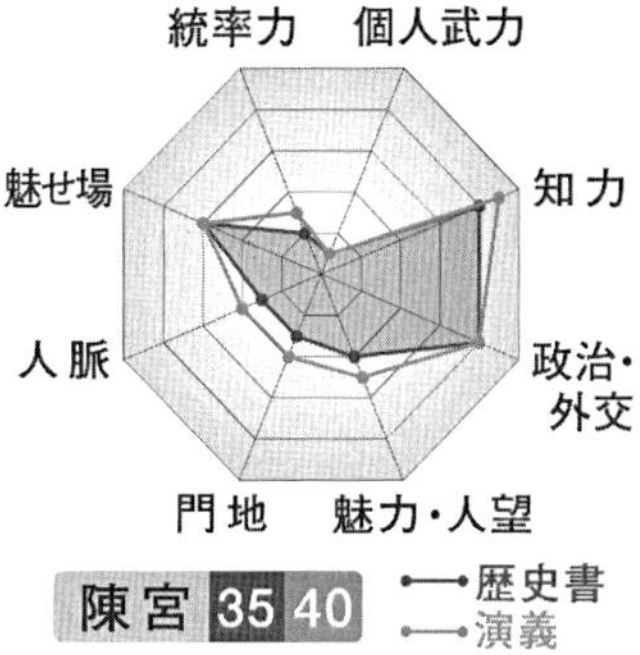

## 陶謙《とうけん》（恭祖《きょうそ》）

［揚州丹陽郡の人／１３２～１９４年］

【演義】劉備に国を譲った「温厚な好々爺」
【史実】丹陽兵を基に暗躍した「袁術・袁紹に次ぐ第三勢力」

### 【演義】劉備に国を譲った「温厚な好々爺」

『演義』での陶謙は非常に温厚な人物とされ、曹操の檄文を受けて反董卓同盟に参加した諸侯の一人である。

その後、陶謙が治める徐州を曹操の父が通った際、陶謙が護衛するように命じた人物が反対に曹操の父を殺して逃亡したため、曹操から仇敵とされて攻撃され、住民を虐殺されている。この危機の中で曹操に降って領民を救おうともするが、劉備の援軍を受けて何とかしのぎ、その後病に倒れた際には、徐州を劉備に譲って死去（これはある程度歴史書通り）。

### 【史実】丹陽兵を基に暗躍した「袁術・袁紹に次ぐ第三勢力」

歴史書での陶謙は都の太学で学んで州郡に出仕し、幽州刺史にまで昇進。反乱を起こした韓遂《かんすい》討伐のため、張温《ちょうおん》の配下として西方へ行った（この時、同僚には孫堅が、張温とともに戦った将軍としては董卓がいた）。その際、軽蔑していた張温から宴会で酒をついで回るようにいわれて怒り、張温を侮辱したため、一時左遷させられたという話もあるなど、感情的で激しい一面があったことが伺える。

黄巾の乱の際に徐州刺史となり、これを見事鎮圧。ちなみに陶謙は強力だったとされる丹陽兵《たんようへい》（丹陽は陶謙の出身地）を配下とし、これを自身の軍事的基盤としていた。また、朱儁《しゅしゅん》・王朗《おうろう》らとともに袁紹・袁術らとは異なるもうひとつの反董卓同盟を作ったが、その黒幕が陶謙だったと見られる。この同盟に失敗した後、徐州牧となって揚州の一部にも勢力を伸ばし、袁紹と袁術の争いでは袁術側につく。

曹操の攻撃を受けた際は、『演義』でも歴史上でも田楷・劉備が援軍として出撃しており、歴史上では陶謙から直接救援要請が田楷に送られている。『演義』では田楷・劉備と公孫瓚との関係が描かれていないが、歴史上では田楷は公孫瓚に任命された青州刺史であり、劉備も公孫瓚の指示を受けて動いていた。このことから考えると、田楷・劉備が陶謙のもとに出撃したことについて公孫瓚が了承していた可能性が高く、もしかすると事前に公孫瓚から「救援要請があった場合には出撃するように」との命令が出ていたことも考えられる。その後、陶謙は気に入った劉備を引き留め、小沛に置いている。

実は、歴史書でも陶謙像が異なっている。『三国志』本文では、徐州を混乱に陥れ、曹操の父親も殺したひどい人物である(特に魏の側の史書では曹操の父を殺したのは陶謙の指示によるとされる)。しかし、『三国志』の注に引用された『呉書』では曹操に理不尽な形でいじめられる有徳者となっている。

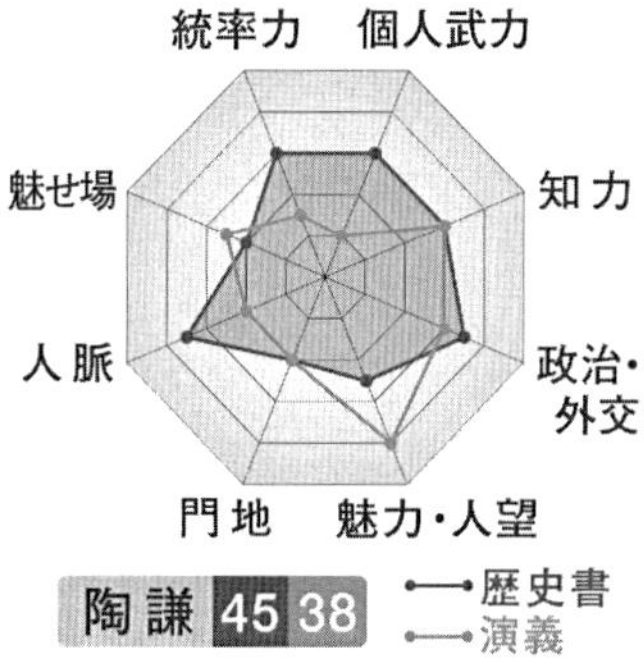

# 公孫瓚《こうそんさん》（伯珪《はくけい》）

［幽州遼西郡の人／?～199年］

【演義】温厚で影が薄く、袁紹に滅ぼされた「白馬将軍」
【史実】異民族に強硬策を取り続けた〝任侠派〟

## 【演義】温厚で影が薄く、袁紹に滅ぼされた「白馬将軍」

若き日に盧植のもとで学び、同じく盧植《ろしょく》を師とする劉備と友人となった（これは歴史書にもある）。烏丸《うがん》や鮮卑《せんぴ》と戦う際には、白馬で統一された騎馬部隊を率いたので「白馬将軍」と呼ばれた。その後、反董卓同盟軍に北平太守として参加している。

界橋の戦いで趙雲や劉備の支援を受けながら袁紹に敗れるも、朝廷（董卓）の仲裁で一旦和解。それを見た趙雲は公孫瓚に失望している。

しかし、その後の冀州をめぐる戦いや籠城した易京楼《えきけいろう》で袁紹に敗れ、妻子を殺して自害している。

## 【史実】異民族に強硬策を取り続けた〝任侠派〟

容姿がよかったため、出身地の太守に認められて太守の娘と結婚。その後、出身地の郡の役人に戻り、都に推挙された後、幽州の官僚となった。異民族に対しては強硬姿勢で、烏丸を中心とする幽州突騎（「白馬義従」と呼ばれた）を率いて涼州や北方の反乱鎮圧に活躍した。

ただ、歴史書では反董卓同盟軍にも参加しておらず、北平の太守とされたという記述もない。

しかし結局、公孫瓚の強硬策では北方遊牧民を抑えることができず、朝廷は懐柔策で実績を上げる劉虞《りゅうぐ》を派遣する。公孫瓚は北方遊牧民対策の方針の違いや、献帝から劉虞への救援依頼を巡るトラブルをきっかけに劉虞と対立。

そんな中、公孫瓚は袁術と手を組んで袁紹と戦ったが界橋で敗れてしまい、幽州に撤退することになる。ここで公孫瓚は対立が深まった劉虞を殺したが、ここまでの劉虞との対立は『演義』では描かれない。

商人などの富豪を重視して豪族を敵視し、占い師の劉緯台《りゅういだい》、絹商人の李移子《りいし》、商人の楽何当《がくかとう》を義兄弟として重用したため人望を失い、劉虞の元部下や袁紹と戦って敗れ、拠点の易京に何年もこもった。最後に袁紹らの猛攻を受けて自害するのは、元劉虞の部下の攻撃を受けたこと以外、『演義』とほぼ同じである。

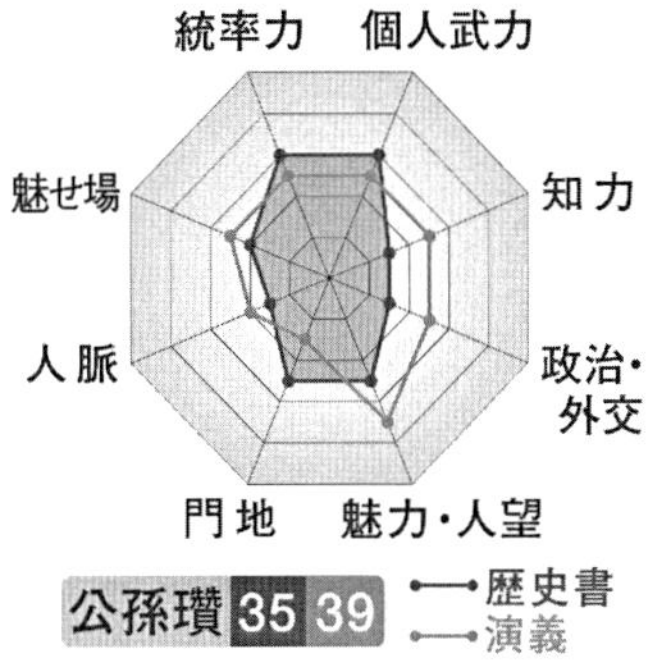

# 袁術《えんじゅつ》（公路《こうろ》）

［予州汝南郡の人／?～199年］

【演義】姑息で無能、救いようのない「偽皇帝」
【史実】董卓の遷都後、「最も天下を動かした男」

## 【演義】姑息で無能、救いようのない「偽皇帝」

袁紹の異母弟で、何進《かしん》暗殺が招いた宦官皆殺しの時点で登場。袁紹とともに反董卓同盟に参加し糧秣《りょうまつ》を総督したが、董卓配下の華雄《かゆう》との一騎討ちに立候補した関羽の官職が低いことから怒ったり、功績を挙げた孫堅に嫉妬から兵糧を送るのをしぶったりと、かなり傲慢で姑息な印象が強い。

その後、孫策から兵を貸すカタとして受け取っていた玉璽を使って皇帝を名乗った。

しかし、群雄ではじめて皇帝となったことから、孫策を含む各群雄から敵視され、呂布・曹操に敗れる。帝位を袁紹に譲ろうとして逃げる途中で兵糧が尽き、住民に蜜を求めたが断られ、血を吐いて死去。

## 【史実】董卓の遷都後、「最も天下を動かした男」

袁紹の従弟（異母弟説あり）。要職を歴任したが、董卓が皇帝を代えようとしたときに、後漢の光武帝の出身地である南陽に逃亡。ちょうど孫堅が南陽太守の張咨《ちょうし》を、反董卓同盟軍に非協力的だとして殺害したところだったため、南陽郡を支配できたとされる。

反董卓軍などでは勢力下に置いた孫堅に兵糧を供給して戦わせていた。袁紹が劉虞を皇帝にしようとした際は、堂々たる論を展開して反対しており、（このとき、少なくとも結果的には当時の皇帝〔献帝〕を守る役割を果たしている）歴史書での低評価には少し注意が必要である。

董卓が長安へ遷都とすると、反董卓同盟は「袁術派」（袁術・公孫瓚・孫堅など）と「袁紹派」（袁紹・劉表・曹操など）に割れて戦うことになる。袁術は公孫瓚と袁紹を争わせ、劉表には孫堅を当たらせるなど、この時期の天下を動かす最重要人物の一人だった。当時の天下の中心であった洛陽・長安に近く、後漢の初代皇帝・光武帝の出身地でもあった南陽を拠点として、袁術は劉秀のように天下を目指していたのだ。

当時、袁術が後方支援を担当し、孫堅が前線を指揮した"袁術・孫堅連合"は、群雄の中でも最強の勢力であった。孫堅が亡くなった後でも、南陽にいた頃の袁術の基本戦略は、「公孫瓚に袁紹を牽制させながら、南陽から中原（洛陽）に入って、袁紹勢力を分断する」というものであった。

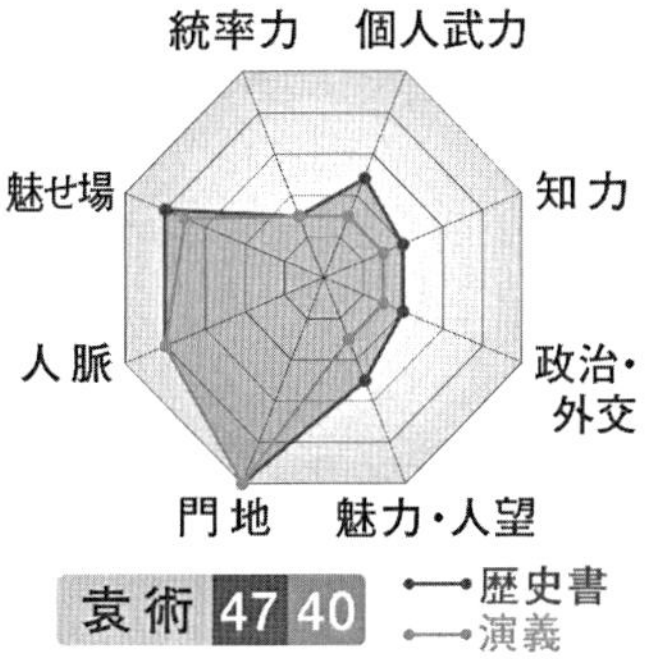


その後、天下を目指して税を取りすぎたために南陽を荒廃させたとされている。しかし、南陽が黄巾軍の重要拠点であり、一八四年の黄巾の乱で最後に鎮圧された地域であったことから南陽自体が荒廃していた上に、中原の戦乱を避けて難民が交通の要衝である南陽に大量に流れ込んで来ており、誰が支配しても南陽の統治はかなり難しい状態だったと見られる。

ただ、歴史書では袁術の統治のひどさを誇張し、袁術を"トンデモ"扱いしていることも考えられる。結局、袁術は曹操が支配する兗を新たな拠点にしようとし、南陽を捨てて曹操と戦ったが劉表に補給路を断たれたこともあって敗れ、公孫瓚も袁紹に敗れた。

曹操に敗れた後、揚州に遷ったが、これは以前から関係が深かった朱儁や陶謙、さらには周氏（周瑜の一族）や孫氏（孫堅・孫策・の一族）らの出身地であり、その揚州を拠点として再起をはかろうとしたと考えられる。

実際、揚州に遷った後で迎え入れた孫策に江淮・江東地方を征服させ、陶謙が亡くなり混乱する徐州にも呂布と結んで進出しようとするなど、ある程度は勢力を回復。一九六年頃には洛陽で韓暹とともに内政を担当していた董承が献帝を迎えるために曹操から派遣された曹洪を袁術の将の萇奴と共に防いで抵抗しており、董承が曹操を迎え入れるまでは洛陽の朝廷にも一定の影響力を保持していた。ただ、揚州に遷ってしまったことで、天下の中心をめぐる争いからは大きく脱落してしまったことは否定できない。

そんな中、一九七年に皇帝となってしまったことから、袁術はさらに落ち目となっていく。後漢を支えようとした孫堅の名声を大事にする孫策や周瑜にも離反され、その後亡くなるまでの経緯は『演義』と類似している。

このように、歴史上の袁術は袁紹・曹操との戦いに敗れ、劉表からの圧迫を受けた上に、南陽に流民が流れ込んでいて食糧などを確保しにくかったことから勢力拡大が難しかった。また、揚州で一定の勢力を回復したものの、当時の諸勢力の中で真っ先に皇帝を名乗ったことで周囲を敵に回してしまい、勢力の維持・拡大に失敗してしまった。このように見ると、袁術は「後漢朝廷を利用しつつ、謀略戦などで〝いい線〟を突いて天下を窺ったが、領土経営や皇帝即位などの要所要所で失敗してしまった名門貴公子」といったところだろう。

# 劉表《りゅうひょう》（景升《けいしょう》）

［兗州山陽郡の人／142～208年］

【演義】荊州に籠もって決断を先延ばし、機を逃す
【史実】荊州平定に苦労、中央を狙う暇などなし

## 【演義】荊州に籠もって決断を先延ばし、機を逃す

『演義』での劉表は、「荊州を保つことに汲々とした、決断できない孤立主義者」として描かれている。降りかかってきた火の粉を振り払うことには必死で、袁術が荊州に差し向けた孫堅を死においやった戦いと、孫権が父・孫堅の仇討ちのために攻撃した際は戦っている。

しかし、北方で曹操と袁紹が戦おうとする際、双方から誘われたが決断できず中立を決め込む。袁紹を破った曹操がさらに北を攻撃するとき、劉備から曹操の留守を突けと進言されるも「荊州だけで満足」と答えて動かなかった。

極めつけは後継者問題で、二人の息子で迷った末に劉備を指名しようとして断られ、とりあえず長男を指名し、劉備を補佐とするなど、その迷走ぶりはどうしようもないほどである。

## 【史実】荊州平定に苦労、中央を狙う暇などなし

歴史書での劉表は、なかなかの剛腕である。

前漢の皇族の子孫で、儒者としても知られた貴公子だったが、孫堅によって刺史（長官）が殺された後の荊州に一人で乗り込み、現地の豪族の協力を得て反対者を斬殺し権力を確立した。

荊州は平和だったというイメージがあるかもしれないが、実際には荊州には江夏蛮などの異民族も多く、反乱の危険もあった上に、南陽の袁術や東の孫策、西の劉焉・劉璋、南の交州（曹操から派遣された刺史の張津）との争いを抱え、さらに荊州南部での反乱(交州の張津が背後から援助していた可能性がある）もあり、苦しみながらもようやく全荊州を支配できたのは200年（つまり曹操と袁紹がちょうど戦う頃）であった。その劉表が、天下を狙うには「曹操と袁紹で潰しあってくれた方がよい」と考えていたとしても不思議で

はない。そうなると、「中立」の理由が「優柔不断」とは言い切れないだろう。

劉備を新野に置いた劉備を北方の〝盾〟として利用し、その劉備に時には〝北伐〟させながら、戦乱を逃れた知識人を保護して文化を重視し、南方の交州に進出しようとしていた。曹操が袁紹にまさかの圧勝したため計画は狂ったが、荊州を「保つ」だけの人物ではなかったのである。

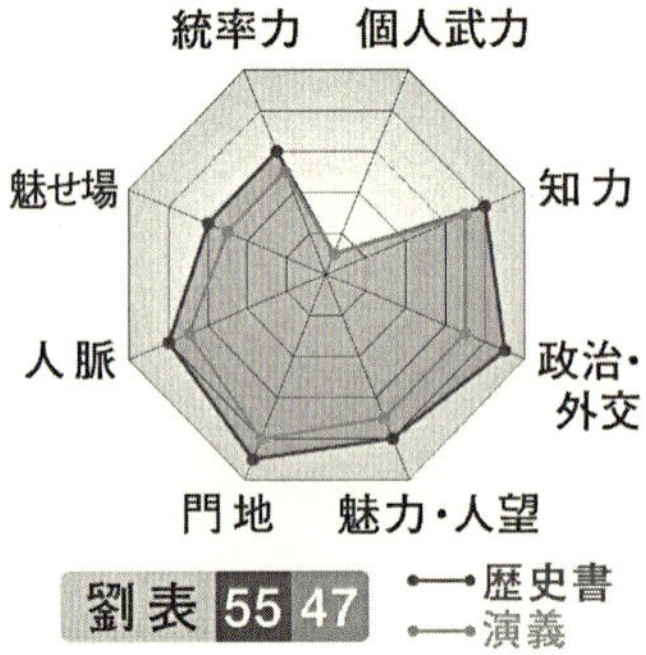

# 馬騰《ばとう》(寿成《じゅせい》)・韓遂《かんすい》(文約《ぶんやく》)

[(馬騰)司隷校尉部扶風郡の人/?~212年・(韓遂)涼州金城郡の人?/?~215年]

【演義】「漢の忠臣」馬騰。「その義兄弟で馬超の後見人」韓遂
【史実】反乱と仲違いを繰り返し、共に自滅

## 【演義】「漢の忠臣」馬騰。「その義兄弟で馬超の後見人」韓遂

馬騰は漢王朝の忠臣として描かれている。最初は、反董卓同盟軍に参加する。その後曹操が献帝を傀儡化すると、董承《とうしょう》らの曹操暗殺計画に名を連ね、さらに劉備を仲間に加えるように勧めている。

また、韓遂は馬騰の義兄弟として、董卓の没後、その配下の李傕《りかく》・郭汜《かくし》らと戦う場面から登場。赤壁の戦い直前には、曹操の軍勢を分散させるために、馬騰と韓遂が謀反して都を襲おうとしているというデマが、龐統《ほうとう》から策を授けられた徐庶《じょしょ》によって流されている。

その後、馬騰は孫権討伐を命じられた際に曹操暗殺を図ったが失敗して処刑され、その仇を討つために息子の馬超が韓遂と共に挙兵。しかし、賈詡《かく》の策略で仲を裂かれ、馬超が韓遂の左腕を斬っている。結局、韓遂は曹操に降伏し、西涼侯となって涼州にとどまったとされる。

## 【史実】反乱と仲違いを繰り返し、共に自滅

馬騰は後漢初の名将・馬援《ばえん》の子孫で、母は隴西《ろうせい》の羌族の娘。若い頃は木を切り街で売っていた。『演義』で描かれた「漢室護持の人」という馬騰像はほとんど歴史書には書かれていない。

韓遂は霊帝の時代に西方で名が知れており、役人として洛陽に赴いた際には何進《かしん》にも目をかけられていたが、宦官を滅ぼすように進言して聞き入れられなかったので郷里に戻っていた。

董卓による政権奪取の以前、涼州で韓遂らが後漢朝廷に対して反乱を起こした際に、馬騰は郡の募集に応じて反乱軍と戦うことになる。上司である涼州刺史が殺されると、馬騰も反乱側に加わったが、皇甫嵩《こうほすう》に敗れた。

董卓が長安に遷都すると、馬騰・韓遂は董卓に降伏して長安に赴いた。董卓没後、代わって実権を握った李傕・郭汜らは馬騰を長安近くの郿《び》に駐屯させ、韓遂を涼州に戻して二人を引き離した。その後、馬騰は劉焉《りゅうえん》の子・劉範《りゅうはん》らと結んで長安で董卓の残党を討とうとするが失敗し、涼州に撤退。

馬騰・韓遂は義兄弟となったが、関係が悪化し、馬騰の妻子は韓遂に殺された。その後、二人は曹操配下の鍾繇《しょうよう》・韋誕《いたん》の仲裁により和解した。これ以降、馬騰・韓遂は曹操に従っていたとみられる。馬騰は召し返されて長安の近くに駐屯し、善政を敷いたため、長安周辺が安定したとされる。袁紹の死後、息子袁尚と手を組んだ匈奴が曹操の後方の平陽で反乱を起こすと、曹操の配下の鍾繇が出撃して匈奴を囲んだ。すると、袁尚が任命した河東太守の郭援《かくえん》や高幹《こうかん》が河東郡を攻撃し、長安付近も混乱した。そこで、鍾繇は張既《ちょうき》を派遣して馬騰を説得すると、馬騰は馬超と龐徳を派遣。馬超は足を怪我しながらも活躍し、龐徳が郭援の首を取るなどの結果を出して、平定に貢献した。

その後、馬騰は衛尉となって宮門警護の任に就いたが、『演義』とは異なり、馬騰が皇帝のそばに赴いたのは韓遂と再び不仲になったためである。韓遂は涼州で王猛《おうもう》の反乱を鎮圧したりしていたが、曹操が張魯《ちょうろ》征伐を公言して動き出した際に、馬超とともに乱を起こした。しかし、賈詡の策略で馬超との仲を裂かれて敗れ、これを受けて馬騰は一族と共に曹操に殺された。

馬超が敗れた後、韓遂は羌族を率いて涼州平定を目指した夏侯淵《かこうえん》と戦ったが、ここでも敗れて西に逃走。追い詰められた韓遂は（劉備が征服しつつある）蜀に赴くことも考えたが、腹心の成公英に反対され踏みとどまった。歴史書『三国志』武帝紀によると、その後西方の武将に首を斬られ、曹操の下に送られたという（病死説や219年説もある）。

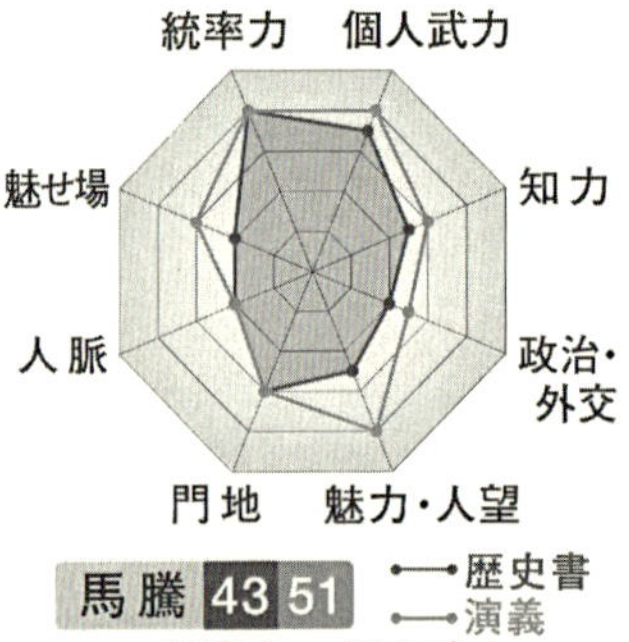


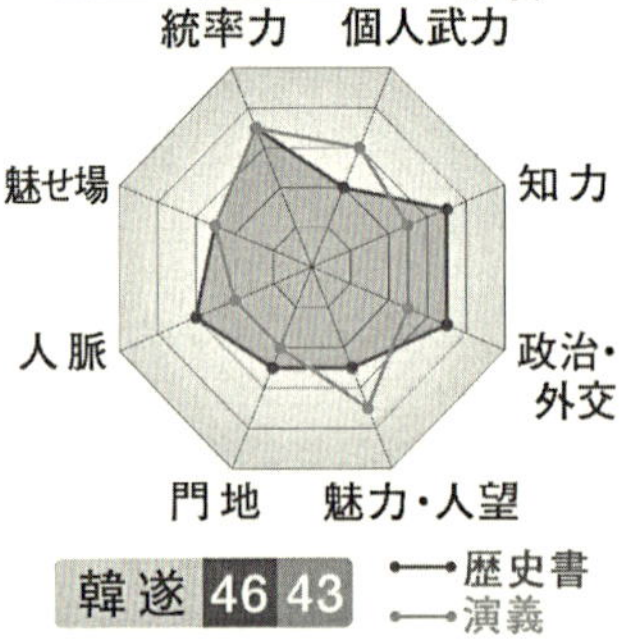

# おわりに

本書は多くの先学の研究から多くの御教示を得ていますが、本書の性格などの関係から、本来掲載すべき論著・学術論文を割愛させていただいております。ここにお詫びを申し上げるとともに、深く感謝申し上げます。

２０１２年に出版した拙著『三国志最強武将Ｔｏｐ45』（ユナイテッド・ブックス　電子書籍）は、小説やゲームなどの『三国志』にまつわる創作物を念頭に置きつつ、司令官や知将（参謀）として活躍した代表的な人物について書いたものです。

しかし、書籍のコンセプトから見れば当然ではあったのですが、司令官や参謀としての目立った活躍はなくても非常に興味深い人物を取り扱うことができませんでした。また、陳寿『三国志』などの歴史書をベースとして書いたので、私なりの視点からの『三国志演義』との比較もありませんでした。本書はその反省の上で、できるだけわかりやすく、しかもできるだけ最新の研究の成果も踏まえたものを、との思いでまとめた次第です。本書と『三国志　正史と小説の狭間』（白帝社・２００６年初版、２００９年第2版）や『三国志　赤壁伝説』（白帝社・２００９年）、『図解　三国志　群雄勢力マップ』（インフォレスト社・２００９年）などのこれまでの拙著とを比較してお読みいただくと同時に、その他の先行研究も参照していただき、内容等に関して御叱正を賜れば幸いです。

本書が世に出る機会を与えてくださったパンダ・パブリッシングの松本善裕さんのお力添えには感謝してもしきれません。本当にありがとうございました。

さらに創価大学文学部のゼミ以来ご指導いただいた恩師・池田温先生をはじめ、お世話になったすべての方々に厚く御礼申し上げます。

最後に、私事にわたり恐縮であるが、これまで筆者を励まし支えてくれた両親、そして妻・富弓と6人の子供たち（幸峰《ゆきね》、創《はじめ》、灯里《あかり》、純玲《すみれ》、仁《ひとし》、未来《のぞみ》）に感謝を捧げます。

２０１５年４月23日

満田　剛

**著者略歴**

満田 剛（みつだ・たかし）

1973年秋田県横手市生まれ。創価大学大学院にて、中国・三国時代の史学史を専攻。2014年まで創価大学文学部の非常勤講師として教鞭をふるう。また創価高等学校の教壇にも立っており、現在公益財団法人東洋哲学研究所委嘱研究員として研究を続けている。

また、2008年から2009年にかけて全国7都市で開催された東京富士美術館などでの「大三国志展」では学術アドバイザーとして監修を担当。

著書に『三国志　赤壁伝説』（白帝社）、『三国志　最強武将Top45』（ユナイテッド・ブックス）、『新説　「三国志」の虚構と真実』（小社）など、監修に『図解 三国志 群雄勢力マップ 詳細版』（スタンダーズ）がある。

Twitter：@tmitsuda3594

**新説　三國志の虚構と真実**

2015年8月1日　初版発行
2020年1月10日　三版発行

**著者**　満田 剛

**表紙デザイン**　すぎやまちはる
**表紙イラスト**　朴大運
**図版作成**　長島亜希子

**発行者**　松本善裕
**発行所**　株式会社パンダ・パブリッシング
〒111-0053　東京都台東区浅草橋5-8-11　大富ビル2F
http://panda-publishing.co.jp/
電話／03-6869-1318
メール／info@panda-publishing.co.jp